Serafino Malaguarnera

**J'aide mon enfant
à surmonter ses peurs**

Direction éditoriale et rédaction
Av. d'Itterbeek, 9 – Bruxelles
www.malaguarnera-psy.be

Imprimé par: CreateSpace Independent Publishing

À ma femme
À mes deux enfants

Table des matières

Chapitre III
Les peurs changent avec l'âge

Chapitre IV
Mon enfant entre à l'école

Chapitre V

Les nuits...un peu agitées

Chapitre VI
Conseils pratiques

Introduction

Qui n'a jamais vu un enfant qui autour de 8 ou 9 mois se met brusquement à pleurer parce qu'il a devant soi un visage inconnu ? Vers deux ans, certains enfants craignent de disparaître par la bonde de la baignoire, emportés avec l'eau de leur bain. Qui n'a jamais vu un enfant avoir peur du noir ? Cette peur, qui est une des plus connues, apparaît vers deux ou trois ans et dure en moyenne jusqu'à cinq ans. La peur d'un visage inconnu, de la disparition, du noir, des animaux, du monstre caché sous le lit, de quitter ses parents,...Ces peurs, et beaucoup d'autres, concernent tous les enfants, à des degrés variables. Les peurs des enfants font partie du développement normal et lui permettent de grandir, de développer son identité et de maîtriser son univers. Malheureusement, la peur prend parfois le dessus et prend plus de place de ce qu'elle devrait. Dans ces cas, les peurs empêchent l'enfant de bien se développer, de grandir sereinement et de s'épanouir. Il arrive aussi qu'une simple peur se transforme en phobie.

Il va de soi que l'aide des parents est fondamentale. Mais les parents sont souvent inquiets et se posent beaucoup de questions : « Pourquoi est-ce que mon enfant a cette peur ? Est-ce que c'est normal ? Dois-je m'inquiéter ? Et, surtout, comment est-ce que je peux aider mon enfant à la surmonter pour qu'il puisse bien grandir ? »

Les nuits agitées sont souvent aussi une source d'inquiétude pour les parents. Qui n'a pas entendu son enfant pleurer en pleine nuit ? Il est effrayé, mais il n'est pas réveillé. Qu'est-ce qu'il a ? Que dois-je faire ? Est-ce que je devrais le réveiller ? Pourquoi mon enfant fait-il des cauchemars ? Est-ce que c'est normal ? Est-ce de ma faute ? Comment puis-je aider mon enfant à ne plus faire des cauchemars ?...

Vous trouverez dans ce livre les réponses à ces questions, et certainement, à beaucoup d'autres. Vous trouverez des explications simples et des conseils pratiques faciles à suivre pour aider votre enfant à mieux surmonter ses peurs.

Sachez qu'il est important que vous vous intéressiez tout particulièrement aux peurs de votre enfant qui caractérisent les premières six années de vie. Il faut savoir que les cinq premières années de la vie de votre enfant sont les plus importantes. Lorsque l'enfant atteint six ans, les structures essentielles de sa personnalité sont formées. Cette personnalité, qu'il portera en lui toute sa vie, déterminera en bonne partie sa réussite scolaire et celle de sa vie d'adulte. La peur est une des émotions qui a le pouvoir de freiner le bon déroulement du développement mental de l'enfant. Des peurs non résolues marqueront pour toujours sa personnalité et auront une incidence négative sur celle-ci !

Le but du livre est :

❑ de vous donner les connaissances nécessaires pour que vous puissiez comprendre les peurs de votre enfant.

❑ de vous donner des conseils pratiques pour faire face aux peurs que votre enfant manifeste au fur et à mesure qu'il grandit.

Bonne lecture… et surtout, n'ayez pas peur, ce sera une lecture agréable et instructive, malgré le thème abordé : la peur des enfants !

Chapitre I

Les peurs des enfants

« La vie apprend à l'enfant à avoir peur. En ayant peur, l'enfant apprend à vivre ».

❑ *Dois-je me préoccuper des peurs de mon enfant ?*

La peur et l'angoisse sont des affects qui jalonnent toutes les étapes de notre vie, depuis notre petite enfance jusqu'à notre vieillesse. La peur est une des quatre grandes émotions de base que rencontre l'être humain dans la vie. Les trois autres sont la joie, la tristesse et la colère. Chacune d'elles a son utilité. La fonction de la peur est de nous alerter d'un état de danger.

Les peurs d'un enfant font partie du développement normal et lui permettent de grandir, de développer son identité et de maîtriser son univers. Pensez à combien de nouvelles situations doit faire face un enfant pendant ses premiers sept ans de vie ! Toutes ces nouvelles situations sont une source d'anxiété et de peur. De plus, l'enfant né avec un bagage pulsionnel qu'il doit progressivement intégrer et qui génère des conflits et des angoisses. Ces sentiments pénibles font donc certainement partie du développement normal. La plupart des peurs infantiles typiques disparaissent avec le temps.

 Attention, comme nous le verrons dans les prochains chapitres, si la peur est très intense et si elle persiste malgré vos efforts à le rassurer, c'est légitime de se préoccuper.

❑ *Qu'est-ce que la peur ?*

La peur est une réaction universelle face à un objet ou une situation perçus comme un danger. Habituellement, on fait une distinction entre anxiété, angoisse et peur.

✓ *L'anxiété*

Qui n'a jamais été inquiet pour la santé d'un de ses proches ? Pensez à votre état psychologique pendant l'attente de résultats d'examens médicaux. L'état psychologique qui caractérise cette situation s'appelle « anxiété ». C'est un affect pénible associé à une attitude d'attente d'un événement imprévu et vécu comme un danger.

✓ *L'angoisse*

C'est une sensation d'extrême malaise accompagnée de manifestations physiques face à un danger qui ne peut pas être spécifié. Voici quelques exemples de plaintes d'une personne assaillie par l'angoisse : « J'ai la gorge serrée », « Je suis paralysé de peur », « Je ne peux plus avaler », « J'étouffe ». Dans cet état, la personne angoissée ne sait pas dire l'origine de sa souffrance.

✓ *La peur*

C'est une réaction face à un objet précis ou une situation précise perçus comme un danger. La dangerosité de l'objet ou de la situation peut être déterminée par l'expérience ou l'éducation. La peur déclenche une série de réactions : on sursaute, nos sens se mettent soudainement et brusquement en éveil et donnent l'alerte. Il y a aussi des réactions physiologiques : les battements du cœur s'accélèrent, la pression sanguine et les sécrétions d'adrénalines augmentent. Ainsi, cet état nous prépare à affronter la situation dangereuse – dans ce cas, nous nous battons – ou nous dit que nous ne sommes pas encore prêts à l'affronter – dans ce cas, nous optons pour la fuite.

Concrètement, l'anxiété, l'angoisse et la peur sont étroitement reliées et on peut passer d'une manière continue d'une réaction à l'autre. Tenir compte de cet aspect est surtout important quand on parle de l'enfance où c'est difficile de les différencier parce que les réactions comportementales, cognitives, affectives et physiologiques se ressemblent beaucoup. En traitant la période de l'enfance, et surtout du développement normal de l'enfant, nous pouvons employer les mots

« anxiété, angoisse et peur » comme des synonymes.

❏ *D'où viennent les peurs des enfants ?*

Il y a des peurs qui viennent de la relation avec l'autre. La première grande peur – dans le prochain chapitre, nous l'aborderons sous le nom de « crise des huit mois » — est celle liée à la séparation d'avec la première personne  qu'on aime, d'avec celle qui prend soin de nous. C'est une peur qui ne s'apprend pas ; il n'y a pas « apprentissage » de la peur de séparation. L'enfant est tout simplement confronté à cette peur et doit y faire face. L'adulte peut l'aider à mieux la vivre, à la surmonter, à la rendre moins pénible de ce qu'elle est, mais il ne peut pas lui éviter de vivre cette angoisse. Elle fait partie d'une étape du développement de l'enfant. C'est aussi une des peurs qui resurgissent à chaque étape du développement. Pensez aux pleurs, aux cris d'un enfant qui se voit déposer à l'école et voit disparaître sa maman ; là aussi, l'enfant ressentira la peur de séparation. C'est une peur qui nous accompagnera tout au long de notre vie ; elle peut à tout moment resurgir, rebondir et nous envahir. L'adolescent qui voit son grand amour l'abandonner pour un autre, l'adulte qui sait qui peut perdre à tout moment un être très cher qui est sur le point de disparaître à jamais...Ce sont tous des moments qui ouvrent les portes aux pénibles angoisses de séparation que nous pensions être ensevelies pour toujours. Votre rôle de parent n'est donc pas d'essayer de vaincre ce type de peur chez votre enfant, mais de lui offrir les meilleures conditions pour la surmonter. Ces conditions lui permettront de surmonter l'angoisse de séparation à chaque étape du développement et de se construire un solide édifice psychique grâce auquel il pourra y faire face quand elle se présentera à nouveau dans le futur.

Il y a des peurs qui viennent des conflits psychiques. Il peut s'agir d'un conflit entre les besoins personnels de l'enfant et les interdits des autres, d'une contradiction entre ses désirs et la difficulté de les réaliser à cause de ses capacités ou de son entourage.

D'autres peurs viennent des autres et de l'environnement :

✓ Les tensions familiales permanentes peuvent être une source de peur. Quelques disputes de temps en temps au sein d'une famille font partie de la vie de couple, mais s'ils persistent, si les cris et les accrochages entre papa et maman font partie du quotidien, l'impact négatif sur l'enfant est inévitable. Les enfants sont comme des éponges, ils vont absorber toute la tension ambiante, et la peur risque de s'installer…

✓ L'enfant peut aussi développer une peur en observant la réaction des parents, ou des personnes de son entourage, face aux êtres vivants ou aux événements. Votre visage effrayé devant une grosse araignée ou votre corps tétanisé face à une souris peuvent provoquer la même peur chez votre enfant. On entend parfois un adulte dire : « J'ai vu ma mère crier quand elle a vu d'une souris, depuis, j'ai aussi peur des souris ». Par sa réaction, l'adulte transmet à l'enfant des craintes. Ce sont des peurs que l'enfant apprend par imitation.

✓ Les enfants sont aussi sensibles aux propos qu'ils entendent. S'ils entendent dire que les chats sont dangereux avec leurs griffes, ils pourront commencer à les craindre.

✓ Assister à un événement traumatisant ou effrayant provoque aussi des peurs. Différentes situations désagréables peuvent se produire : un enfant est témoin d'un grave accident de la route, il ne voit pas venir le chien et s'effraie lorsqu'il le voit surgir devant lui ou il est mordu par un chien. Ces différentes situations — un accident, l'effet de surprise ou une morsure — peuvent laisser des souvenirs effrayants qui perdurent dans le temps. Ce sont des peurs qui naissent à la suite d'une expérience traumatisante.

□ *Est-ce que la télévision ou le cinéma sont responsables des peurs des enfants ?*

Certains parents pensent que la télévision ou le cinéma sont responsables des peurs des enfants. En réalité, étant donné que la peur et l'angoisse sont des affects constamment présents tout au long de l'enfance, elles surgissent indépendamment de la télévision ou le cinéma. Certainement, les médias peuvent accentuer ou renforcer les peurs. Ils peuvent même provoquer certaines peurs, mais ils ne sont pas à l'origine des différentes peurs qui jalonnent les étapes du développement de l'enfant. Dans toutes les civilisations, peu importe l'époque, on retrouve certaines peurs qui sont toujours les mêmes. Chaque civilisation à ses histoires de sorcières, de dragons, ses contes de fées.

□ *Y a-t-il des peurs qui caractérisent certaines périodes du développement de l'enfant ?*

Oui, à chaque étape du développement, l'enfant doit faire face à des peurs différentes. Il est même possible d'établir une cartographie précise des types de peur en fonction de l'âge. Comme nous verrons tout au long de ce livre, dans les toutes premières années de l'enfance, les peurs sont surtout liées à des événements concrets, puis à des images de nature symbolique, et ensuite aux rapports humains et à la vie sociale.

❑ *La peur est-elle la même chez l'enfant et chez l'adulte ?*

La qualité de l'émotion est la même, mais l'impact sur le psychisme diffère considérablement. La présence d'un gros chien qui aboie ne provoque pas la même réaction chez un adulte que chez un enfant de trois ans. Même si l'adulte a peur, il ne se mettra pas à pleurer et à crier comme l'enfant. Celui-ci n'a pas encore un équipement cognitif et affectif assez développés pour faire face à certaines situations dangereuses et certains conflits psychiques. L'angoisse surgit lorsque l'équipement psychique de l'enfant ne peut pas répondre de manière adéquate à une tension qu'il perçoit comme une menace. Au fil des années, en se construisant l'équipement cognitif et affectif, l'enfant pourra faire face d'une manière adéquate aux différentes situations et différents conflits psychiques.

En ce qui concerne les peurs légitimes – ce sont les peurs que l'enfant apprend pour éviter des dangers réels —, c'est la notion de danger qui caractérise la différence entre la peur d'un enfant et d'un adulte. La perception du danger et du risque n'est pas du tout la même. Par exemple, un enfant aura peur du bruit de l'aspirateur ou du mixeur, mais il pourra jouer avec un couteau sans crainte !

❑ *Quel est le rôle des parents ?*

Le rôle des parents est certainement très important vis-à-vis des peurs de leurs enfants. La plupart des peurs infantiles typiques disparaissent avec le temps, mais d'autres persistent. Bien que nous ne sachions pas exactement pourquoi certaines peurs se dissipent et que d'autres restent, il semble que les réactions des parents jouent un rôle important. Certaines réactions des parents ont non seulement le pouvoir d'accentuer certaines peurs, mais aussi d'empêcher qu'elles se dissipent. Une peur qui s'installe se transforme en une vraie phobie !

Les parents sont là pour :

✓ accompagner l'enfant face à ses peurs tout au long de son développement. Petite ou grande, démesurée ou minuscule, aucune peur n'est ridicule. Les parents sont là pour prendre au sérieux les peurs de leur enfant. Chaque peur doit être accompagnée et écoutée dans toute sa dimension psychique ;

✓ aider d'une manière active l'enfant à surmonter ses peurs ;

✓ empêcher, dans la mesure du possible, qu'une peur se transforme en une phobie. Attention, les parents ne doivent pas se culpabiliser si leur enfant attrape une phobie. Il y a des phobies qui s'installent indépendamment de l'attitude des parents ;

✓ éduquer l'enfant aux peurs légitimes. Vous savez bien qu'il existe des dangers réels qui guettent vos enfants. Tout en aidant l'enfant à surmonter certains types de peurs, vous lui enseignez en même temps d'autres types de craintes utiles pour sa protection.

Les prochains chapitres vous aideront à accomplir ces tâches.

Chapitre II

Les peurs des tout-petits

À partir de la naissance jusqu'à 24 mois, l'enfant traverse le « stade sensori-moteur ». Ce stade, comme l'indique le nom, est dominé par le développement sensoriel et moteur. L'enfant utilise principalement la perception et l'action comme outils pour construire son monde psychique, pour se développer. Très curieux et assoiffé de stimulus sensoriels, il est très attentif à son environnement. Il adore explorer le monde qui l'entoure : sa douce maman qui le prend dans ses bras, les objets qu'il perçoit et qu'il peut toucher, les sons qu'il entend, etc. Mais, il lui arrive de faire de mauvaises rencontres : un bruit trop fort, une lumière soudaine dans la pièce... alors, il se saisit et s'effraie. À cette étape du développement, les peurs sont surtout liées à l'environnement : aux personnes, aux objets...

Les premières peurs

❑ *À partir de quel âge un enfant ressent-il la peur ?*

Dès la naissance, le bébé ressent déjà des petites peurs – par exemple la peur des bruits et des mouvements soudains – parce que le système de l'audition et de l'équilibre enregistre déjà les événements extérieurs. Voici quelques exemples de facteurs qui peuvent déclencher de la peur :

- changements soudains d'atmosphère
- le stress
- un bruit inhabituel et sourd
- une lumière soudaine dans la pièce
- mouvements brusques
- l'approche rapide d'objets
- se retrouver dans un nouvel environnement (par exemple, la crèche).

Ces petites peurs vont s'atténuer progressivement jusqu'à disparaître complètement à partir de 3 ans.

Mais c'est seulement vers le huitième mois que le bébé manifeste de véritables réactions de peurs.

❑ *Puis-je atténuer ces premières peurs ?*

Oui, il suffit de suivre quelques conseils :

✓ *Ne sous-estimez pas les peurs du bébé et cherchez chaque fois les mots pour le rassurer. Si votre bébé sursaute, hurle, pleure parce qu'un bruit fracassant — par exemple, un verre qui tombe - l'a soudainement saisi, dites-lui : « Je crois que tu as peur, tu t'es saisi. En fait, j'ai laissé tomber un verre qui s'est cassé. » Même s'il ne comprend pas tous les mots, le ton apaisant de votre voix le calmera.*

✓ *Vous devez accompagner pour la première fois votre bébé à la crèche. Prenez soin de lui expliquer votre départ. Nous reprendrons dans les détails cette situation.*

✓ *N'oubliez pas l'importance du contact affectif avec l'enfant. C'est le meilleur contenant dont il a besoin pour faire face à   sa peur et pour la dépasser chaleureusement !*

❑ **Le sourire peut-il influencer les émotions du bébé ?**

Sachez que les émotions sont contagieuses : si vous souriez beaucoup, votre bébé vous sourira aussi davantage. Des recherches ont montré qu'en augmentant la fréquence des changements d'expressions positives du visage de la mère – survenant dans la seconde suivant le changement d'expression du nourrisson – face à leurs bébés de 2 mois et demi, les bébés manifestent plus de mimiques positives (intérêt, joie, surprise) à l'âge de 5 mois. Plus vous lui souriez, plus il vous sourira… et moins pénibles seront ses moments de peur !

La première grande peur

❑ ***Qu'est-ce que la crise des huit mois ?***

Qui n'a jamais vu un enfant qui autour de 8 ou 9 mois se met brusquement à pleurer ? Pendant cette période, il y a des parents qui cherchent des explications aux crises de sanglots de leur bébé : ils s'empressent à prendre le thermomètre pour vérifier la température ; ils soupçonnent « les petites dents qui percent » ; ils se demandent s'ils se sont bien occupés de leur bébé. Que les parents se rassurent : cette réaction est psychologique et totalement naturelle. Vers les 8-9 mois, le bébé traverse sa première grande crise de sanglots. Encore incapable d'imaginer que sa mère peut être ailleurs, le bébé vit mal sa disparition de son champ de vision et d'audition. Il éprouve alors l'angoisse. C'est à cette période qu'apparaît la première angoisse de séparation. La peur de la séparation est une des craintes les plus intenses qui perdure le plus.

Le bébé n'aime pas perdre de vue aussi d'autres figures de son entourage, comme le père, les frères et sœurs, les grands-parents, etc. Comme la mère, ce sont des figures très sécurisantes auxquelles le bébé est fort attaché.

Aux alentours de 3 mois, le bébé sourit indifféremment à tout visage humain et il est mécontent quand ce visage disparaît. Le visage de profil ne provoque pas le sourire. C'est le visage avec ses grands yeux, son nez, son mouvement qui le captive. À partir des 8 mois, le bébé devient capable de faire une distinction entre un visage connu et un visage inconnu. La présence d'un visage étranger le plonge alors dans la même situation de la disparition de la mère. La réaction est immédiate : submergé par l'angoisse, il plonge dans une crise de sanglots. L'enfant s'agrippera à la personne qu'il aime, et rien ne le convaincra à se détacher. La crise de sanglots peut même durer quelques heures ! Attention, la réaction d'un enfant n'est pas nécessairement la même d'un autre : certains hurlent, d'autres se limitent à être méfiants. La période aussi n'est pas la même pour tous les enfants. Elle peut apparaître à 6, 7, 8 ou 9 mois.

❑ *Qu'est-ce qui déclenche la crise ?*

Voici quelques exemples de facteurs qui peuvent déclencher de la peur :

- absence de la mère ;
- personne étrangère ;
- un objet étranger ;
- un lieu étranger ;
- une situation inhabituelle.

❑ *Est-ce que cette crise est négative ?*

Cette crise des 8 mois est la manifestation d'un progrès, car le bébé commence à comprendre que lui et sa mère sont des êtres différents. Avant cet âge, le bébé ne fait pas vraiment une distinction entre sa propre main et celle de sa mère, comme si elles ne faisaient qu'un. Maintenant, le bébé fait une distinction entre lui et l'autre. La peur de l'autre est alors un pas en avant dans le processus de croissance et de prise de conscience de l'autre. Cette crise n'est donc pas négative, elle est même nécessaire pour un bon développement psychologique du bébé et son absence pourrait être une source de préoccupation.

□ *Que faire ?*

Si nous ne pouvons pas lui épargner cette dure épreuve au bébé, néanmoins il est possible de la lui rendre moins pénible. Il suffit de suivre quelques simples conseils :

✓ *Dans la mesure du possible, évitez les départs et les retours brusques et fréquents.*

✓ *Ne vous éloignez pas tout doucement sans rien dire en pensant qu'il ne s'en apercevra pas. Même si le bébé ne comprend pas tous les mots, prenez le temps de lui expliquer pourquoi vous devez de temps en temps partir sans lui. La communication est un moyen facile pour atténuer la tristesse d'une absence ou d'un départ. Le bébé comprend beaucoup plus qu'on ne le pense et votre ton proche et rassurant l'aidera à surmonter ce moment difficile.*

✓ *Choisissez une autre période pour une séparation de quelques semaines. Si vous ne pouvez pas déplacer le départ, entretenez l'enfant dans ses souvenirs par des affaires personnelles qui vous appartiennent, à vous ou à son entourage familier. Dans une telle situation, la compagnie du doudou avec votre odeur sera d'une grande aide. N'oubliez pas l'utilité du téléphone : entendre votre voix qui s'est absentée confortera votre bébé. Si le père reste à côté du bébé, il pourra soutenir le rôle important de « médiateur » et de « consolateur ».*

✓ *Stimulez votre enfant à explorer son environnement. En se déplaçant dans la maison, il va comprendre progressivement que les personnes ne cessent pas d'exister quand ils disparaissent de son champ de vision.*

✓ *Vous pouvez « éduquer » votre bébé à mieux accepter la séparation à travers des jeux en lui montrant qu'un objet ne disparaît pas lorsqu'on le cache.*

❑ **Est-ce que le père joue un rôle bénéfique ?**

Des recherches ont mis en évidence le rôle bénéfique du père dans le développement des capacités des nourrissons à faire face aux personnes inconnues. Des enfants d'un an qui ont des pères impliqués dans leur éducation et dans les soins qu'ils reçoivent ont des réactions d'angoisse de l'étranger moins intenses.

❑ **Qu'est-ce que la permanence d'objet ?**

L'adulte est convaincu que les objets et les personnes qui l'entourent ont leur existence propre, c'est-à-dire qu'ils sont indépendants de lui et continuent d'exister même lorsqu'il ne les perçoit pas. Cela s'appelle la « permanence de l'objet ». L'une des grandes découvertes de Piaget fut de démontrer que la permanence de l'objet (le mot « objet » s'applique aussi aux êtres humains) n'est pas présente chez le bébé, mais qu'elle se construit par étapes au cours des deux premières années de sa vie. Pour le bébé, qui n'a pas encore acquis la permanence de l'objet, la disparition de sa maman de son champ de vision signifie qu'elle cesse d'exister.

Vous pouvez « éduquer » votre bébé à mieux accepter la séparation à travers des jeux qui favorisent l'acquisition de la permanence de l'objet. Voici une série de jeux qui progressent en quatre semaines[1].

Première semaine

- Aménagez un tapis d'éveil et prenez un nounours avec lequel le bébé joue souvent. Cachez une partie du nounours en dessus du tapis d'éveil. Demandez ensuite à votre bébé : « Où

---

[1] Cette série de jeux a été prise en partie du livre : Ludington-Hoe S., *Eveillez l'intelligence de votre bébé*, Marabout, 1987, pp. 249-250.

---

est ton nounours ? ». Puis, sortez-le dessous de la couverture en disant : « Le voici ! ». Répétez l'exercice deux ou trois fois par jour.

- Présentez-lui votre visage, en dissimulant vos yeux avec vos mains. Puis dégagez-les, en disant : « Coucou, me voilà ».

Deuxième semaine

- Cachez entièrement le nounours, à l'exception de sa tête, sous la couverture. Cachez sa tête. Et demandez ensuite à votre bébé : « Où est ton un nounours ? » Puis sortez-le dessous de la couverture en disant : « Le voici ! ». Répétez l'exercice deux ou trois fois par jour.

- Présentez-lui votre visage, cachez ensuite votre bouche, votre nez et vos oreilles. Puis, dégagez-les, en disant : « Coucou, me voilà ».

- Recouvrez les jambes ou les pieds du bébé. Puis, demandez-lui : « Mais où sont les jambes de Marc ? Elles doivent être sous la couverture », et découvrez-les.

Troisième semaine

- Cachez entièrement le nounours sous la couverture. Demandez ensuite à votre bébé : « Où est ton un nounours ? » puis sortez-le dessous de la couverture en disant : « Le voici ! » Répétez l'exercice deux ou trois fois par jour.

- Aménagez une couverture, cachez-vous en dessous et attendez que votre bébé vous cherche. Piaget[2] a signalé que la personne humaine est un objet privilégié. Un bébé de huit mois ne recherche pas un objet caché sous la couverture. Par contre, si vous vous cachez sous une couverture, le bébé ira vous chercher.

---

[2] Piaget a écrit : « Les personnes constituent évidemment les plus faciles à substantifier des tableaux sensoriels perçus par l'enfant : il est donc naturel qu'à 0 ; 8 (huit mois) déjà, Jacqueline ce comporte ainsi que l'on vient de voir à l'égard du père *(Jacqueline ne cherche pas les clochettes sous la couverture, où elles font une bosse, même si son père les faits sonner, au même âge – huit mois – elle recherche activement le père derrière une couverture)* , alors qu'elle ne retrouve point un jouet quelconque caché sous un écran. »

- Recouvrez le visage du bébé avec la couverture. Ensuite, dites-lui : « Je ne vois pas Marc. Mais je sens qu'il est là. Ça y est, le voilà ! »

- Faites passer une feuille devant le nounours en disant : « Voici le nounours. Tiens, il a disparu. Ah non, le revoilà ».

Quatrième semaine

- Cachez entièrement le nounours sous la couverture. Demandez ensuite à votre bébé : « Où est ton nounours ? ». Et attendez qu'il le cherche. Vous pouvez aussi prendre un objet qui fait un son et le faire sonner sous le tapis d'éveil. Le son peut attirer l'attention du bébé. Répétez l'exercice deux ou trois fois par jour.

- Prenez le bébé dans vos bras et mettez-vous face au miroir. Puis mettez-vous à côté du miroir pour apparaître de nouveau en face du miroir, etc. Vous accompagnez ce mouvement de cache-cache avec ces mots « Voici Marc. Tiens, il a disparu. Ah non, le revoilà ».

- Parlez à votre bébé, tout en vous éloignant peu à peu de lui.

- Commencez à vous adresser à lui quand vous êtes hors de son champ de vision, quand vous entrez et sortez de sa chambre.

❑ *Pourquoi est-ce que les enfants aiment bien les jeux de « cache-cache » ?*

De 12 à 18 mois, les enfants trouvent eux-mêmes des jeux qui consistent à faire apparaître ou disparaître un objet. Freud a décrit une telle situation. Il a observé son petit-fils qui jouait dans son berceau avec une bobine attachée à un fil. L'enfant jetait hors de son berceau la bobine en criant « O » et la ramenait en criant « da – là ». Freud reconnaît dans ces deux phonèmes, les mots allemands « fort – dehors » et « da – là ». Ces deux mots que l'enfant s'amuse à prononcer avec cette petite bobine représentent les allées et venues de la mère. Quand l'enfant crie « O », cela signifie que la maman est dehors, qu'elle est partie ; quand il crie « de », cela signifie que la maman est là, qu'elle est revenue. Freud remarque aussi que l'enfant met en place d'autres jeux du même type avant et après le jeu de la bobine. Freud trouve une explication psychologique à ce jeu. Il serait une manière de faire face à la peur de séparation. L'enfant transforme la sensation déplaisante de l'angoisse en plaisir grâce au jeu : quand il voit revenir la bobine, c'est comme s'il voyait revenir sa maman, et il est content. Dans ce jeu, c'est l'enfant qui décide de faire apparaître ou disparaître la maman. Il contrôle la peur de séparation en passant d'une position passive à une attitude active. L'enfant trouve dans ce type de jeu d'apparition et de disparition un outil essentiel pour se représenter et tolérer la séparation et la solitude.

Le plaisir des jeux de cache-cache et celui d'éprouver des peurs sous forme de jeu ou à travers les comptes se retrouvent tout au long du développement de l'enfant.

❑ *Quels sont les jouets conseillés ?*

Il y a des jouets – qu'on appelle habituellement « jouets affectifs » — qui permettent aux enfants d'exprimer leur sentiment, de résoudre leurs conflits et maîtriser leurs angoisses. Mais pendant la première enfance, tous les jouets éveillent... et apaisent. Voici quelques exemples de jouets :

- les peluches (maximum 30 cm et légère) ;
- les hochets (colorés, faciles à prendre et sonores) ;
- le tapis d'éveil : il doit comporter plusieurs activités dont un miroir, des formes en volume, des tissus au toucher différent ;
- le mobile lui fait découvrir les formes et leurs couleurs et le mouvement ;
- la boîte à musique et les premières berceuses ;
- les lampes qui projettent des images au plafond ;
- le portique muni de différents éléments qu'il essaiera d'attraper.

Les séparations difficiles

Votre congé de maternité se termine et vous allez bientôt reprendre le travail. Il est temps de s'occuper de la rentrée de votre enfant à la crèche.

Dans quelques jours, vous allez laisser votre bébé à la crèche, vous commencez à vous inquiéter, vous vous posez quelques questions qui alimentent cette inquiétude : « Pourquoi dois-je laisser mon bébé à des mains inconnues ? Pourquoi dois-je retourner au travail ? » Si par contre vous attendez la rentrée au travail avec impatience, vous pensez être une mauvaise mère.

Le moment que vous avez craint est arrivé : avec un pincement au cœur, vous devez confier votre bébé à une crèche. Vous le laissez dans les bras de sa nourrice, il pousse des cris déchirants. Vous culpabilisez et vous regrettez d'avoir choisi de reprendre à travailler. Vous attendez avec impatience le soir pour le retrouver et le pouponner. Dès que votre bébé vous aperçoit, il se détourne, s'accroche aux bras de sa nourrice et ne veut *pas la quitter. Vous vous sentez alors rejetée, le sens de culpabilité revient, et une sensation de désespoir vous envahit.*

Ne vous inquiétez pas : rapidement, vous vous adapterez à cette nouvelle expérience. Avec l'aide des auxiliaires, votre enfant pourra profiter pleinement de ses moments à la crèche, et vous, vous investirez progressivement votre travail.

Mais voyons de plus près certaines questions...

❑ *Comment l'enfant vit l'entrée à la crèche ?*

L'entrée à la crèche se fait entre trois mois et deux ans, mais la plupart des enfants y entrent avant leurs six mois. L'enfant, qui avant était toujours avec ses parents, doit maintenant s'habituer à de nouvelles personnes et à un nouvel environnement. L'enfant perd ses repères habituels : nouveaux visages, différents bruits, nouvelles pièces, nouveaux objets, etc.

Non seulement il n'est plus chez lui et il n'y a plus sa maman toujours là pour prendre soin de lui, mais il doit aussi apprendre à partager les personnes qui s'occupent de lui avec d'autres enfants. Cette période est certainement une dure épreuve qui demande à l'enfant des efforts psychologiques d'adaptation. Ces efforts se traduisent différemment selon les périodes de son évolution :

- Entre 3 et 6 mois, le bébé supporte bien la séparation d'avec sa mère, car il n'a pas encore ressenti l'angoisse de séparation. À cette période, c'est plutôt la maman qui est envahie par un sentiment de détresse : après avoir attendu avec impatience le soir pour aller retrouver son bébé, elle voit qu'il s'accroche aux bras de sa nourrice et ne veut pas la quitter. Si cela se produit, vous pouvez vous rassurer parce que c'est un comportement assez courant à cet âge. Le bébé n'a pas encore conscience de son individualité, il ne connaît pas bien encore son prénom, et il se sent toujours un peu perdu. Quand il voit sa maman, il ne sait plus très bien qui elle est, il a une vague sensation de la connaître, mais il ne s'y retrouve pas. Il faut savoir qu'à cet âge, le bébé reconnaît surtout ses parents par l'odeur et par la voix. Donnez-lui donc le temps qu'il s'approprie à nouveau de sa maman tout doucement. Approchez-vous lentement en lui parlant : il entendra votre voix et sentira votre odeur.

- Entre 6 et 9 mois, c'est la période la plus difficile pour la séparation. Souvenez-vous qu'à cette période l'enfant traverse la crise des huit mois. Mais, il ne faut pas s'inquiéter. La bonne relation que l'enfant a vécu avant avec la maman et, les soins et l'affection qu'elle lui donne le soir l'aideront à surmonter cette séparation.

- Entre 15 et 20 mois, c'est la période[3] où l'enfant alterne souvent un état de grande dépendance à un désir d'affirmation de son autonomie qu'il vit parfois d'une manière agressive. À cet âge, il sépare ses sentiments positifs de ses sentiments négatifs et ils les projettent sur les personnes qui prennent soin de lui. Quand il projette les sentiments positifs sur la mère, celle-ci est ressentie comme bonne ; quand il projette les sentiments négatifs sur l'accueillante, celle-ci devient la cible des colères et les oppositions. En fonction de l'état d'âme, l'enfant peut inverser ses projections. La mère et l'accueillante doivent savoir que l'enfant peut à la fois aimer et détester une même personne sans

---

[3] M. Malher a décrit cette période comme une "*phase de rapprochement*".

la perdre quand il est en colère contre une des deux.

❏ Comment la maman vit l'entrée de son enfant à la crèche?

Laisser son enfant à la crèche est une expérience très pénible pour une maman. Elle s'inquiète beaucoup parce qu'elle se demande comment son bébé va gérer une journée sans elle et comment elle va vivre une journée sans lui. En plus, il y a des peurs et des craintes qui s'installent. Elle craint que son enfant l'oublie. C'est une crainte difficile à effacer totalement. Elle peut s'angoisser à l'idée que son enfant puisse s'attacher à d'autres personnes. Il y a là un mélange de jalousie avec un sentiment d'abandon. Mais souvenez-vous que le bébé fait la part des choses et personne ne peut remplacer sa maman. Il y a aussi quelques frustrations qui la tracassent. Par exemple, certaines mères se sentent frustrées de ne pas être le premier témoin des apprentissages de leur enfant. D'autres peuvent se sentir amputées d'une partie de leur rôle maternel. Elles sont alors envahies par le sentiment de ne pas être parfaites. Les mamans qui ont fait le choix de reprendre le travail ressentent aussi la sensation d'abandonner leur enfant. Cette sensation génère des sentiments de culpabilité.

❑ *Pourquoi une femme culpabilise de laisser son enfant à la crèche ?*

Les mamans ont souvent un sentiment de culpabilité quand elles se séparent de leur enfant. C'est un sentiment que l'on retrouve beaucoup moins chez les hommes. Une femme est convaincue que sa présence est indispensable pour que son enfant soit bien. Elle se dit que son enfant serait tellement mieux avec elle. Ne pas pouvoir s'occuper de lui pendant la journée l'a fait sentir mal. Ce mal-être se traduit en sens de culpabilité. L'homme par contre ne voit pas en lui une présence indispensable pour les soins de son enfant d'où l'absence de sentiment de culpabilité.

Le sentiment de culpabilité peut avoir une origine plus profonde, plus inconsciente. Il peut être lié à la peur d'oublier son enfant. Cette peur pousse la maman à devoir penser toujours à son enfant. Quand elle a la sensation de ne pas penser à cent pour cent à son enfant, elle se sent coupable.

La colère peut être aussi une source de culpabilité. Une maman qui voudrait rester avec son bébé mais qui ne peut pas parce qu'elle doit reprendre à travailler, parce que la loi ne lui donne pas plus de mois de congé, sera en colère contre la société qui impose des normes injustes. Si elle n'arrive pas à exprimer cette colère, cette émotion risque de se retourner contre elle et provoque alors des sentiments de culpabilité. Il est conseillé qu'elle recherche les causes de cette colère pour l'exprimer ensuite avec, par exemple, le mari ou les copines.

❑ *Comment gérer ma culpabilité ?*

Tout d'abord, sachez que, malgré les heures de séparation, un bébé s'attache d'abord à ses parents et il sait bien à qui il appartient. Quand il vous voit, il reconnaît votre odeur, votre voix, votre toucher.

Ensuite, il faut savoir que la crèche présente plusieurs avantages, voire même de grands bénéfices. Les enfants ont la possibilité de côtoyer d'autres enfants et de communiquer avec d'autres adultes que ses parents. Cela ne peut que l'aider à mieux se développer. La crèche apprend à l'enfant à tolérer l'absence et la séparation. Cela l'aidera à mieux s'insérer à l'école maternelle. Un enfant qui est toujours resté avec sa maman vivra très mal les premiers jours à l'école maternelle.

Essayer de transformer votre sentiment de culpabilité en sentiment de responsabilité, en vous rendant active : rendez visite à l'établissement avant l'inscription, questionnez le personnel, vérifiez que vos critères éducatifs sont respectés… et mettez en route un programme pour faciliter le passage à la crèche.

❑ *Comment faciliter le passage à la crèche ?*

Voici quelques conseils pour faciliter ce passage de relais entre vous et la crèche.

✓ *Commencez à confier votre bébé à votre famille et vos amies quelques semaines avant. Vous vous habituerez tous les deux à être séparés.*

✓ *Instituez toute une série de rituels qui commencent avant que vous ayez quitté la maison.*

✓ *La période d'adaptation est une bonne méthode qui permet de faire un passage en souplesse à la crèche. Désormais, toutes les crèches proposent une période d'adaptation. Il s'agit d'une intégration progressive du bébé dans son futur lieu de vie. Les premiers jours, la professionnelle apprend à connaître votre bébé, grâce à vous qui êtes présente. Les rendez-vous durent en moyenne une heure. Puis, le temps des séparations arrive progressivement. Il est important que vous restiez avec votre bébé au début : ainsi, il se rendra compte que vous faites confiance aux auxiliaires et se sentira en sécurité quand vous le quitterez.*

✓ *Pensez aussi à lui laisser un vêtement que vous aurez porté. Rassuré par votre odeur, il s'endormira plus sereinement à l'heure de la sieste. Ce tissu aura la fonction d'« objet transitionnel », c'est-à-dire un objet qui permet au bébé de faire plus facilement la transition entre le « cocon » familial et un environnement étranger.*

✓ *Si vous souhaitez, vous pouvez aussi fournir à la puéricultrice une cassette sur laquelle vous* avez enregistré plusieurs contes, et qu'elle pourra faire écouter à votre bébé dans la journée.

✓ Lorsque vous allez récupérer votre bébé, il peut être envahi par les émotions et se mettre à pleurer. Mais ne vous inquiétez pas, cela ne signifie pas qu'il soit malheureux ou qu'on s'occupe mal de lui : il évacue simplement les tensions accumulées pendant la journée. S'il le fait maintenant, en votre présence, c'est parce qu'il se sent en sécurité avec vous. Et surtout, donnez-lui la possibilité de faire le passage de la crèche avec vous en douceur. Donnez-lui le temps de se séparer de ses camarades, de ses jouets. En attendant, discutez avec les auxiliaires qui se sont occupées de lui. Vous l'approchez pour lui parler et lui mettre la veste. À la maison, vous donnerez libre cours à votre affection.

Les premiers pas

De 10 à 12 mois, le bébé se déplace à quatre pattes : il franchit les premiers obstacles, il arrive même à monter quelques marches de l'escalier...

Il peut passer de la position couchée, à la position assise ou debout, avec ou sans appui.

Il y a des bébés qui préfèrent se déplacer en position debout en s'appuyant sur une chaise, une petite table...

La main d'un adulte est souvent une précieuse aide pour parvenir à marcher.

Quelques semaines plus tard, le bébé se met en position debout, sans appui il reste *immobile et... finalement, il fait ses premiers pas !*

Souvent, c'est la relation affective qui lui fera faire ses premiers pas : sans s'en rendre compte, il marchera pour atteindre la personne qui lui est chère.

Vers 18 mois, l'enfant est en mesure de monter et descendre les escaliers en position debout, avec l'aide d'un appui ou de la main d'un adulte. Il commence à vouloir grimper et certains enfants se lancent même comme de petits cascadeurs...

Les premiers pas d'un enfant sont un grand pas vers l'autonomie.

❑ **Quelles sont les peurs à l'heure de l'autonomie ?**

À l'heure de l'autonomie, des premiers pas, des premières escalades, les peurs de l'enfant sont liées à ses nouvelles expériences physiques. À cette période, l'enfant est partagé entre l'envie de partir à la découverte d'un nouvel univers et la crainte de s'éloigner des siens. Loin de l'affection de ceux qu'il aime et dont il se sent aimé, la peur de se perdre se fait jour. Cette peur le met toujours dans une double position lors de ses conquêtes de l'espace de la maison. À certains moments, il a peur de changer de pièce ou de bras, à d'autres il contrôle la situation et avec fermeté il décide de sortir de la pièce ou de changer de bras. Souvenez-vous qu'à cette période, l'enfant a aussi peur des bruits comme l'aspirateur, le mixer, la sonnerie du téléphone, etc. Pendant qu'il est en train d'explorer un nouvel espace, l'enfant peut être saisi par un de ces bruits, il précipitera alors en pleurant vers ses parents qui lui offriront leur soutien. Ces nouvelles expériences alimentent les périodes d'agitation nocturne.

❑ *L'apprentissage des peurs légitimes*

À l'heure de l'autonomie, l'enfant n'a pas encore conscience de la conséquence de ses actions. Souvent, il court sans regarder là où il va, et alors il tombe ou il se cogne. Ce sont de petits accidents. Il est vrai que la maison peut présenter des dangers pour un bébé, mais cette période de découverte est nécessaire. Ne le

—

freinez pas dans son envie d'exploration. Pendant l'apprentissage de la marche, l'enfant a besoin de beaucoup d'encouragement et de soutien. Il doit prendre confiance en lui pour se lancer en toute tranquillité. Soyez tout simplement vigilant et profitez-en pour commencer à lui apprendre les risques : le chaud, le poids, la chute, la notion du vide, etc. Vous lui apprenez ainsi les premières peurs légitimes.

❑ *Comment soigner son bobo, mais aussi sa peur ?*

Les premiers pas sont souvent accompagnés des premières chutes et blessures qui nécessitent des soins qui ne sont pas toujours faciles à prodiguer. Souvent, un enfant ne crie pas seulement pour la douleur qu'il ressent, mais aussi parce qu'il voit l'adulte s'approcher pour le soigner : il a peur des soins. N'hésitez pas à utiliser un analgésique et attendez que l'enfant se soit remis de sa peur. Si sa crainte des soins est très forte, jouez à soigner l'ours ou la poupée avant l'enfant. Vous verrez, grâce à ces conseils les soins seront beaucoup plus faciles... et moins effrayants.

L'heure de l'acquisition de la propreté

L'acquisition de la propreté, qui se fait progressivement, représente une étape importante du développement de l'enfant.

C'est entre 18 et 24 mois que l'enfant comprend ce dont l'adulte s'attend de lui.

Dans la majorité des cas, les enfants deviennent propres spontanément entre dix-huit mois et trois ans. La méthode à suivre pour qu'un enfant devienne propre est très simple : laisser l'enfant évoluer à son rythme.

Proposez-lui un pot, montrez-lui comment s'en servir et attendez qu'il ait envie de l'utiliser. Sachez qu'à l'heure de l'acquisition de la propreté, l'enfant connaît de nouvelles craintes. Si vous le forcez dans l'acquisition de la propreté, vous ne lui serez pas d'une grande aide à surmonter ses nouvelles peurs.

❑ **Quelles sont les nouvelles peurs ?**

La peur de disparaître est la nouvelle peur qui se manifeste pendant la période de l'acquisition de la propreté. L'enfant est toujours très inquiet de « perdre » ses excréments, qu'il considère comme une partie de lui-même. Il peut même vivre d'une manière angoissante la « disparition » des excréments. Les toilettes sont souvent interprétées comme un trou sans fond où on peut tomber d'un moment à l'autre et disparaître. Cette peur est renforcée au début par le bruit fracassant de la chasse d'eau et l'aspiration de tout ce qui s'y trouve. De la même manière, certains enfants craignent de disparaître par la bonde de la baignoire, emportés avec l'eau de leur bain. Le vide-ordures et l'aspirateur peuvent avoir aussi le même effet. Il y a des enfants qui ne veulent plus rentrer dans la cuisine de peur de se faire avaler par le vide-ordures !

❏ *Comment s'y prendre alors ?*

✓ *Votre enfant a besoin d'être rassuré et d'avoir aussi des réponses. Expliquez-lui qu'il est naturel de faire ses besoins régulièrement. Dites-lui que vous aussi faites vos selles, que c'est normal...*

✓ *Achetez-lui des petits livres qui traitent du sujet de la propreté. Ces lectures aideront votre enfant à se familiariser avec cette étape... et avec ses peurs.*

✓ *Évitez-lui certaines peurs grâce à l'achat d'un pot adapté à sa taille. Il y en a de différentes couleurs et formes. Montrez-lui le pot et mettez-le dans un endroit qui lui soit accessible. Il peut alors l'explorer autant qu'il veut et*

s'entraîner à s'asseoir dessus, même habillé, et
à se relever.

❑ *La période des premiers rituels*

La période de l'acquisition de la propreté est marquée par les demandes et les exigences disciplinaires des parents. L'enfant répond à ces demandes d'une manière contradictoire : à certains moments, il accepte sagement, à d'autres, il refuse avec entêtement. Ce balancement entre une attitude de soumission et d'opposition se retrouve surtout dans le domaine de la propreté et de l'ordre. Il évacue à la demande des parents, puis refuse comme pour affirmer son contrôle. Il alterne ainsi la propreté et la malpropreté. Il joue avec de nombreux jouets qu'il éparpille un peu partout. En fin de journée, ses parents ramassent et rangent ses jouets et l'invitent ou l'obligent à participer au rangement. Il y a des jours où il se précipite à ranger, et d'autres où il continue à éparpiller ses jouets. Il alterne ainsi l'ordre et le désordre. À cette période, l'enfant commence à mettre en place toute une série de rituels autour du coucher, des repas, de l'habillement, du bain, etc. Ces rituels sont des moyens pour maîtriser l'angoisse face aux demandes et exigences disciplinaires des parents, et aussi aux changements et à l'imprévu. C'est une manière pour maîtriser le monde extérieur et atténuer l'angoisse qu'il ressent.

❏ *Que dois-je faire face à ces rituels ?*

✓ *N'empêchez pas votre enfant de mettre en place les rituels. Il faut simplement attendre, ces rituels disparaissent d'eux-mêmes après un certain temps.*

✓ *Acceptez l'alternance « propreté » et « malpropreté », « ordre » et « désordre ». Donnez-lui le temps d'apprendre à son rythme toute une série de règles auxquelles il est confronté pour la première fois.*

Chapitre III

Les peurs changent avec l'âge

« *Papa, laisse la lumière allumée, j'ai peur dans le noir* », « *Je voudrais tant mais je n'ose pas aller sur le manège des chevaux de bois* », « *Il y a une sorcière qui va venir dans ma chambre, je ne veux pas rester tout seul* », « *J'ai peur quand tu cries sur moi* »...

L'enfant sort petit à petit du stade sensori-moteur caractérisé par l'exploration de l'environnement à travers la perception et l'action. À partir de 2 ans jusqu'à 6 -7 ans, l'enfant traverse une nouvelle période, un nouveau stade appelé pré-opératoire concret.

Maintenant, l'action physique n'est plus le seul moyen pour explorer l'environnement, il y a aussi l'action mentale. L'enfant entre dans le monde symbolique et imaginaire. Une nouvelle capacité mentale, qui va se développer progressivement, se fait jour : c'est la fonction symbolique. Grâce à cette capacité, l'enfant pourra se représenter mentalement des objets, des événements ou des actions, et pourra conserver une image mentale d'un objet disparu ou absent. L'univers de la représentation est beaucoup plus vaste et riche que l'univers de l'action auquel était confiné le bébé durant la période précédente. L'accès à cet univers ouvre les portes à plusieurs nouvelles activités. Maintenant, l'enfant peut ramener à sa volonté des objets absents et éloignés dans l'espace ou dans le temps. Il peut imiter un comportement d'un parent même si celui-ci n'est pas présent. C'est à cette période que l'enfant commence à jouer à faire semblant : à faire la maman, le médecin, etc. Il va aussi commencer à faire ses premiers dessins.

Les peurs suivent le même développement : elles ne se limitent plus aux objets extérieurs, mais elles s'alimentent des représentations, du monde imaginaire. L'enfant peut maintenant évoquer ce qui n'est pas présent dans la réalité. Une silhouette suspecte qui se dessine *sur le mur à côté du lit alors que l'enfant essaie de s'endormir, n'est plus seulement une ombre, mais peut être confondue avec le méchant loup qui veut s'approcher du lit et le dévorer.*

À partir de 2 ans jusqu'à 5-6 ans, les peurs sont pratiquement constantes. Winnicott a même soutenu l'idée qu'une absence totale de peur pendant cette période est pathologique parce que ce serait le signe d'une présence d'une angoisse trop importante qui ne peut pas être canalisée sur des objets.

Vers 3-4 ans, l'enfant traverse la phase dite oedipienne. La petite fille nourrit des sentiments d'amour envers le papa et le garçon envers la maman. C'est une période très importante pour le développement affectif de l'enfant, mais elle engendre plusieurs conflits qui sont une source de nouvelles peurs.

❑ *La peur du noir*

Qui n'a jamais vu un enfant avoir peur du noir ? Cette peur, qui est une des plus connues, apparaît vers deux ou trois ans et dure en moyenne jusqu'à cinq ans. Elle se manifeste sous différentes formes et à différents stades chez tous les enfants. Au départ, la peur liée à l'absence de lumière n'est pas encore consciente, mais elle est déjà présente. Ce n'est que plus tard, lorsque l'enfant comprend que la nuit est liée au sommeil que la peur du noir devient consciente parce qu'elle évoque la possibilité de la séparation d'avec la mère. « Où est maman ? Où se trouve papa ? Ils sont encore là ? » C'est la crainte primitive de la disparition à pousser l'enfant à se poser ce genre de questions. Cette peur, si profonde, réactive le sentiment de vulnérabilité de l'enfant : il n'a plus de contrôle sur le monde, mais c'est le monde hostile qui a prise sur lui.

L'obscurité, c'est aussi la perte des repères parce que l'enfant ne voit pas ce qui l'entoure. Dans l'obscurité, les points de repères habituels disparaissent et la chambre, si rassurante auparavant, se transforme en un lieu de l'étrange et de l'inquiétant. Le peignoir accroché à la porte se transforme en sorcière, les petites poupées deviennent des gnomes...

❑ *La peur des gros animaux*

Vers trois ans, l'enfant commence à s'inventer un monde imaginaire très riche qu'il a souvent du mal à ne pas confondre avec la réalité. L'enfant commence à avoir particulièrement peur des gros animaux - chiens, chats, loups, serpents, etc. - qui peuvent le pourchasser, mordre ou dévorer.

À partir de 3 ans, certains éléments, lieux ou phénomènes de la nature (l'eau, la forêt, l'orage, les ascenseurs, les transports) peuvent générer des peurs.

À cette période, l'enfant se pose de grandes questions existentielles, comme celles liées à la sexualité. Il ressent des pulsions et il éprouve des désirs, mais il sait qu'ils ne sont pas acceptables socialement. Il se retrouve en conflit entre ce qu'il aimerait bien faire et l'interdiction à le faire. Par exemple, il voudrait toucher son sexe, mais il sait qu'on ne peut pas se toucher à cet endroit. Ces conflits psychiques se transforment en appréhension de multiples dangers imaginaires.

❑ *D'où vient la peur d'être mordu ?*

La peur d'une morsure peut surgir suite à une mauvaise rencontre : la guêpe qui pique, le chien attaché qui aboie, etc.

Mais, à partir de 3-4 ans, la peur des animaux et des morsures va surtout de pair avec la manifestation croissante des pulsions agressives. L'enfant commence à vivre des sentiments complexes qui demandent une période d'adaptation particulière.

L'enfant se sent très proche aux animaux. Il les aime bien et il croit qu'ils ont des sentiments identiques aux siens. Lorsque l'enfant est inquiet ou contrarié, il a envie de mordre et de griffer. Il croit que l'animal aussi, lorsqu'il est contrarié, peut mordre. L'enfant a alors peur d'être mordu. Un enfant qui accumule de l'agressivité sans pouvoir la décharger pensera que l'animal aussi ressent beaucoup d'agressivité. La peur d'être mordu par un animal augmentera aussi.

Un enfant qui décharge son agressivité sur un animal et lui fait du mal – tirer la queue d'un chien, poursuivre un chat, etc. – aura peur que l'animal lui fasse aussi mal. Cette peur sera accentuée par le sentiment de culpabilité.

La peur d'être mordu par un animal peut être aussi la conséquence d'un conflit psychique oedipien. L'histoire du petit Hans décrite par Freud est un exemple de ce type de peur. Le petit Hans est un enfant de cinq ans qui refuse de sortir dans la rue, parce qu'il a peur d'être mordu par un cheval. Ce petit garçon vit un petit drame au sein de sa famille : il voudrait que son papa ne soit plus à la maison pour rester tout seul avec sa maman. À vrai dire, ce petit enfant voudrait que son papa disparaisse pour toujours. Mais ce souhait lui provoque une peur : il craint que son papa, n'étant pas du tout d'accord, se fâche et lui fasse du mal. Pour pouvoir rester sous le même toit, pour ne pas devoir toujours avoir peur de son papa, inconsciemment, la peur se déplace sur un objet extérieur, sur le cheval. Il obtient un autre avantage. Étant donné qu'il ne veut pas sortir de la maison parce qu'il a peur de rencontrer le cheval, il peut rester à la maison... tout près de sa maman. Il est vrai que cette histoire du petit Hans traite un cas de phobie, parce que cet enfant n'arrivait plus à sortir de chez lui tant la peur était grande, mais il nous aide à comprendre le processus sous-jacent aux peurs de morsure provoquées par des conflits psychiques.

❑ *Mon enfant a peur du chien, que puis-je faire pour l'aider à surmonter cette peur ?*

Voici quelques conseils utiles lorsque votre enfant ne manifeste pas une peur très intense et envahissante du chien :

- ✓ *Évitez de surprotéger votre enfant et d'empêcher ce dernier de voir l'animal en question.*
- ✓ *Évitez aussi de le confronter directement avec l'animal.*

- ✓ *Procéder graduellement, par étapes : par exemple, lui parler de l'animal en le pointant dans un livre, ensuite derrière une clôture ou derrière une vitre.*

- ✓ *S'il refuse d'aller chez un ami qui a un chien, dites-lui que l'ami laissera son chien dans le jardin. S'il est d'accord, vous pourrez vous approcher du chien avec lui.*

❏ *La peur des petits animaux*

Vers 4 ans, c'est la peur des petits animaux qui domine la scène : souris, insectes, chauves-souris, etc. À cet âge, la production imaginaire augmente et les personnages fantastiques (monstres, fantômes, géants, ogres, sorcières, etc.) alimentent la peur du noir.

❏ *Mon enfant a peur du noir, que puis-je faire ?*

Voici quelques conseils utiles :

✓ *Demandez-lui de décrire le plus précisément possible les raisons de sa peur du noir : « De quoi as-tu peur ? De te perdre ? De l'apparition du loup, d'un monstre ? »*

✓ *Une fois la nature de la peur mieux identifiée, dites-lui que vous et lui allez faire le possible pour faire disparaître sa peur.*

Au chapitre sur le sommeil, nous reprendrons la peur du noir et nous donnerons d'autres conseils plus détaillés.

❏ **Mon enfant a peur des monstres, que dois-je lui dire ?**

Voici quelques conseils utiles :

✔ *Ne niez surtout pas le problème, vous n'obtiendrez rien. Il y a des parents qui préfèrent dire que les monstres n'existent pas, mais sachez que votre enfant n'y croira pas forcément. Un enfant qui avait entendu cette réponse a dit « Moi, je le sais bien qu'ils n'existent pas, mais les monstres, eux, ne le savent pas ! ». De plus, si vous niez l'existence des monstres, vous risquez de lui donner la sensation de ne pas prendre au sérieux sa peur (voir dernier chapitre).*

✓ *Si vous voulez faire passer le message de l'inexistence des monstres, parlez plutôt ouvertement et expliquez-lui ce qui se passe au niveau psychique : « Ta peur existe, mais les monstres n'ont pas une « vraie » existence. Ils sont créés par ton imagination.» De cette manière, vous lui donnerez la sensation que sa peur est prise au sérieux.*

❑ *Les peurs liées à la réalité sociale*

Vers 5 ans, les peurs sont surtout liées à la réalité sociale : la peur des situations, du médecin, du dentiste, des barbus, des espaces vastes et réduits, peur de la circulation, des accidents, de la maladie, etc.

La peur de l'étranger apparaît souvent à cet âge. Les parents, en voyant leur enfant plus autonome, veulent le mettre en garde contre l'étranger qu'il peut croiser dans la rue ou à la sortie de l'école. Il est important de lui apprendre cette peur légitime, mais il est aussi important de ne pas laisser imaginer que tout étranger soit un danger. Il est conseillé d'éduquer l'enfant à ce danger à partir de six ans. Avant cet âge, il peut traduire cette mise en garde par un sentiment que ses parents ne sont pas là pour le protéger, et la généraliser à tout étranger et à toute figure inconnue.

❑ *Mons enfant a peur du docteur, du dentiste, de la piqûre… que faire ?*

Chez le docteur, l'enfant n'apprécie pas de devoir se déshabiller parce qu'il voit sa vie privée mise en péril. Certains enfants peuvent craindre ce moment. Il y a aussi la peur que le médecin, en examinant son corps tout nu, découvre une maladie qui exige des traitements douloureux. Il y a aussi la fameuse peur de la piqûre. C'est certainement une peur réelle parce que ce dont l'enfant redoute c'est la douleur physique. Aidez votre enfant à surmonter sa peur, car elle amplifie la douleur physique. Avant tout, il est important de ne pas nier la crainte. C'est inutile par exemple de lui dire avant une piqûre : « Tu ne sentiras rien, cela ne fait pas mal ». Même si votre enfant peut surmonter la douleur, elle est présente. Soyez plutôt sincère et expliquez-lui ce qu'il va ressentir – par exemple, « Tu vas sentir un petit « pic » - tout en précisant que la douleur est minime. Tenez-lui la main pendant la visite : ce geste rassurant et votre présence permettront à votre enfant de se sentir protégé.

Chez le dentiste, les peurs sont beaucoup plus envahissantes. Les soins du dentiste touchent un endroit du corps très important pour l'enfant : c'est par là qu'il respire, qu'il mange, qu'il parle. La partie du corps traitée par le dentiste est donc déjà une source de peur. Ensuite, il y a l'univers du cabinet qui, rempli d'appareils énormes et bruyants, amplifie ses peurs. Quand, on le met sur fauteuil, il se sent emprisonné et la lumière lui aveugle la vue. Ajoutez à tout cela la peur de la piqûre ! La façon dont l'enfant est accueilli, la présentation des instruments et des soins peuvent atténuer la crainte. Il y a des dentistes qui appliquent des techniques de relaxation qui aident les enfants à mieux supporter les soins. Une connaissance préalable du cabinet et de ce que le dentiste fait peut aider aussi votre enfant à surmonter ses craintes. Vous pouvez lui expliquer en quoi consiste l'intervention du dentiste. Vous pouvez aussi lui demander de vous accompagner lors de soins simples et non traumatisants. Et n'oubliez pas de ne pas montrer vos craintes du dentiste si vous en avez. Bien des angoisses enfantines sont dues à l'anxiété des parents ! C'est pour cette raison que certains dentistes préfèrent accueillir l'enfant seul.

❑ **_Les dangers réels auxquels vos enfants doivent faire face_**

Vous devez sensibiliser vos enfants aux dangers qui existent. Ceux-ci peuvent être classés en trois catégories :

Les problèmes élémentaires de sécurité

✓ Vous devez enseigner à vos enfants les règles de sécurité face aux dangers de la maison, comme les éléments de cuisinière chauds, les prises de courant et les produits ménagers toxiques. Sachez que les intoxications et les brûlures sont la cause des principaux accidents domestiques. À l'extérieur de la maison, les enfants doivent apprendre comment traverser une rue en sécurité ainsi que plusieurs autres habitudes en matière de sécurité.

Les personnes dangereuses

✓ Malheureusement, l'enlèvement et les abus sexuels de la part de personnes dangereuses sont des dangers réels. Il peut s'agir d'étrangers, mais il s'agit plus fréquemment de personnes de son entourage. Le défi qui vous attend en tant que parent est d'enseigner à être prudents devant des situations potentiellement dangereuses. Faites des séances d'information et d'explication. N'ayez aucune crainte, soyez franc et honnête dans vos explications et il vous comprendra. L'information est déjà une défense contre les agressions et l'enlèvement. Instaurez une bonne communication avec votre enfant et aidez-le à se sentir à l'aise de parler de ses parties génitales pour qu'il puisse, s'il y a lieu, vous parler des « mauvais touchers » (ceux qui lui donnent une drôle de sensation ou qui le rendent mal à l'aise).

Les animaux dangereux

✓ Attention, même si un chien n'est pas réputé dangereux, il faut toujours être vigilant.

❑ **Comment puis-je protéger mon enfant contre les dangers réels ?**

Vous pouvez aider votre enfant à se protéger des dangers réels grâce à plusieurs astuces sans le mettre dans un état d'alerte et d'anxiété. Voici quelques conseils utiles :

✓ *Réalisez des jeux de rôle. Simulez une situation potentiellement dangereuse et demandez-lui comment il réagirait. Écoutez ses réponses et demandez-lui pourquoi il agirait ainsi. Si vous n'êtes pas satisfait de sa réaction, montrez-lui comment il aurait dû agir. Simulez une situation où il faut dire « Non ». Dites-lui qu'il est correct de dire « Non » si on lui demande de faire quelque chose de mal, même s'il s'agit d'une personne qu'il connaît bien.*

✓ *Si quelqu'un lui demande de ne rien dire à ses parents, dites à votre enfant qu'il doit vous en parler immédiatement.*

✓ *Établissez des mesures d'urgence pour la famille. Par exemple, dites à votre enfant ce qu'il doit faire au cas où il se perdrait dans un lieu public. Apprenez-lui son nom au complet et son adresse.*

✓ *Dites-lui de ne pas accepter les cadeaux d'un étranger, ni de monter dans sa voiture ou de lui offrir de l'aide.*

✓ *Dites-lui qu'il ne doit pas hésiter à réagir s'il éprouve de la méfiance ou de la crainte. Il peut tout simplement s'éloigner.*

 ❑ ***La télévision joue-t-elle un rôle dans le développement des peurs ?***

La télévision n'est pas à l'origine des peurs typiques des enfants, mais elle joue un rôle dans la fixation des peurs. Un enfant qui a peur d'être dévoré par le loup avant de s'endormir trouve du plaisir à écouter l'histoire du Petit Chaperon rouge. Mais, si avant de se coucher, il voit à la télévision le loup qui dévore le Petit

Chaperon rouge, il risque de faire un cauchemar. La télévision marque beaucoup plus l'esprit de l'enfant parce qu'elle intervient d'une manière plus intense dans l'image que prend la peur. C'est pour cette raison qu'il y a des peurs qui se fixent autour d'images vues à la télévision.

La télévision est un média qui ne devrait pas exposer nos enfants à certaines images, mais malheureusement elle transmet beaucoup d'images terrifiantes et choquantes. Pensez au journal d'information avec ses faits divers, ses accidents, les images de guerre, les actualités, et aux films policiers, aux publicités... C'est de plus en plus rare de ne pas voir des actes de violence et de brutalité à la télévision ou sur internet. Il est donc important de protéger vos enfants de ces images qui peuvent se transformer en un matériel où se fixent certaines de ses peurs. Soyez vigilant et évaluez quel programme votre enfant peut regarder. La vigilance des parents est la meilleure des protections. Mais, si par hasard, votre enfant est spectateur d'une scène de violence, ne vous inquiétez pas immédiatement. Votre enfant est capable de faire une différence entre le réel et la fiction, et il suffit, pour atténuer l'impact négatif, de lui donner quelques explications sur la scène qu'il a vue. Mettre des mots est un moyen pour diminuer la force d'impact d'une image.

Non seulement les images de la télévision peuvent agiter les nuits de votre enfant, mais aussi ce qu'il entend. Voici un exemple raconté par Libby Purves :

« *Une aventure similaire est arrivée à ma propre fille : un beau jour, elle s'est mise à avoir peur de dormir seule dans sa chambre. Nous nous sommes tour à tour énervés et montrés compréhensifs, mais rien n'y a fait. Elle a essayé toutes les chambres de la maison, traînant derrière elle sa couette et son nounours, telle une petite princesse, et puis un soir, je suis entrée dans sa chambre pour la border. Mon mari était en train de regarder la télévision dans la salle de séjour. Tout à coup, j'ai entendu une voix gronder sur un ton menaçant : « Je te tuerai, je le jure. » C'était la bande-annonce d'un film d'horreur qui arrivait curieusement, amplifiée par le plancher. Soir après soir, ma pauvre fille avait dû s'endormir au son de cette horrible berceuse. La violence, la vulgarité, le sensationnalisme de la télévision étaient venus envahir son sommeil. Pas étonnant qu'elle ait eu la bougeotte[4]* ».

---

[4] Purves L., *Comment ne pas élever des enfants parfaits*, Paris, Odil Jacob, 2009, pp. 156-157.

Soyez particulièrement vigilant envers les dessins animés japonais qui ont envahi nos petits écrans et qui demandent un commentaire à part. Dans ces dessins animés, de médiocre qualité graphique et avec des scénarios très pauvres, il y a souvent des scènes de violence assez inquiétantes. On voit des bras ou jambes arrachés, des mains menaçantes, du sang qui éclate sur le petit écran. Ces images véhiculent l'idée que le corps humain peut être découpé facilement en morceaux. Elles peuvent déclencher des angoisses liées au morcellement de l'image du corps. Ces images risquent alors de susciter des peurs de perdre une partie du corps propre et peuvent mettre en péril l'image du corps de l'enfant.

❑ *Quel est le rôle des contes ?*

« Je trouvais plus de sens profond dans les contes de fées qu'on me racontait dans mon enfance que dans les vérités enseignées par la vie. »

Schiller

« Avoir peur, c'est délicieux quand on sait qu'au fond on ne risque rien. »

Vous n'avez sûrement pas oublié quelques histoires pleines de loups et de sorcières que vous demandiez à votre maman de vous raconter chaque soir avant de vous endormir ? Mais, maintenant que vous êtes parents, vous vous demandez si c'est vraiment le cas de raconter ces histoires aussi cruelles à votre enfant. Ne vous inquiétez pas, depuis des siècles et des siècles, les contes ont fait leurs preuves. Les chansons et les histoires peuplées de loups ou de sorcières ont des propriétés bénéfiques. En les chantant ou en les racontant, on contrarie les sorcières ou on chasse les loups.

Les contes ont plusieurs fonctions importantes dans l'évolution psychologique de votre enfant. Ils offrent des moyens simples et attractifs pour contribuer à la socialisation de l'enfant. Dans l'univers insolite des contes, l'enfant découvre des points de repère où il trouve des réponses à certains de ses problèmes (par exemple, la maladie, la peur des monstres ou l'arrivée d'un petit frère) et à certaines de ses questions (par exemple, la sexualité, la mort). Ce sont des réponses sous une forme plus captivante et moins contraignante que celle proposée par les personnes adultes.

Selon Freud, le conte met en scène, de façon plus ou moins voilée, les différentes problématiques de la vie psychique de l'enfant (développement sexuel de l'enfant jusqu'à l'âge adulte, fantasmes, rêves, processus inconscients).

L'ouvrage de Bettelheim explique minutieusement comment le conte met en scène les différentes problématiques de la vie psychique de l'enfant. Il a aussi mis en évidence le rôle thérapeutique du conte : il rassure l'enfant en lui montrant que ses fantasmes ne sont ni uniques ni monstrueux et il apaise ses angoisses. Le récit imaginaire permet une prise de distance avec la situation vécue comme angoissante grâce à l'attente des rebondissements et au dénouement heureux du récit. Ainsi, la peur – qui occupe souvent une place importante dans les contes – se transforme en plaisir et les images sombres et tristes qui occupaient ses pensées sont remplacées par des images agréables et colorées.

Qui n'a pas entendu un enfant réclamer sans fin la même histoire de l'horrible sorcière et sans vouloir qu'on change le moindre mot !

Alors, allez-y ! Lisez un conte chaque soir avant que votre enfant s'endorme…
Effrayez-le avec ces histoires…
Et n'ayez aucune crainte, car elles
soigneront les peurs de votre enfant.

❑ *Quel conte choisir ?*

Il y a une quantité énorme de contes, et ce serait impossible de savoir à l'avance quel conte convient le mieux à votre enfant. Commencez tout simplement à lui raconter un conte que vous avez fort aimé pendant votre enfance, ensuite faites très attention à sa réaction. Si votre enfant n'a pas accroché, cela signifie qu'il ne vit pas les problématiques qui sont traitées dans le conte. Le lendemain, essayez de lui lire un autre conte. À peine il trouvera le conte auquel il est intéressé, il vous montrera tout son enthousiasme et vous réclamera sans fin de le lui répéter.

❑ *Comment raconter un conte ?*

Ne soyez pas seulement un conteur, mais aussi un acteur. Faites de temps en temps une grimace, un clin d'œil, une allusion personnelle … les enfants adorent ça. Arrêtez-vous sur une image et donnez à votre enfant le temps de regarder. Les enfants aiment bien les dessins colorés et s'amusent à faire attention aux caractères des lettres qui grossissent, car ils comprennent que quelque chose va se passer. Faites aussi quelque commentaire et stimulez votre enfant à vous questionner.

Ne vous inquiétez pas si votre enfant ne saisit pas le sens de certains mots. S'il y en a qui vous semblent difficiles à comprendre, proposez une simple définition ou attendez que ce soit votre enfant à vous demander ce qu'ils signifient, sinon continuez votre récit.

❑ *Quelle est l'influence de l'attitude des parents sur les peurs ?*

L'influence de l'attitude des parents est certainement grande sur les peurs de leurs enfants. IL y a trois types d'influence :

⊥ Elle peut créer des peurs. Comme nous disions au premier chapitre de ce livre, « *l'enfant peut aussi développer une peur en observant la réaction des parents, ou des personnes de son entourage, face aux êtres vivants ou aux événements. Votre visage effrayé devant une grosse araignée ou votre corps tétanisé face à une souris peut provoquer la même peur chez votre enfant. On entend parfois un adulte dire : « J'ai vu ma mère crier à la vue d'une souris, depuis, j'ai moi aussi eu peur des souris.* » *Par sa réaction, l'adulte transmet à l'enfant des craintes. Ce sont des peurs que l'enfant apprend par imitation* ».

⊥ Elle peut augmenter l'intensité des peurs. Il est possible d'accentuer certaines peurs en manifestant vos propres réactions anxieuses devant certaines situations et certains objets.

Si vous forcez votre enfant à faire face à une situation pour laquelle il n'est pas prêt ni physiquement ni psychologiquement, sa peur risque d'augmenter. Les cris et les accrochages permanents entre papa et maman peuvent aussi accentuer des peurs.

 Elle peut empêcher que certaines peurs se dissipent. Par exemple, si vous surprotégez votre enfant et empêchez ce dernier d'apprendre à faire progressivement face au danger et à l'imprévu, il y a certaines peurs qui disparaîtront plus difficilement.

Séparation difficile

« *Maman m'a conduit dans cet endroit que je ne connais pas. Elle m'a dit que cela me plairait et que je m'amuserais bien, mais maintenant je n'en suis pas sûr. Maman m'a dit que la dame qui est là-bas est la maîtresse. Comment est-elle ? Sera-t-elle gentille avec moi ? Est-ce qu'elle s'occupera de moi ? Qui sont tous ces enfants que je ne connais pas ? Je n'ai jamais vu tant d'enfants ensemble dans le même endroit ! Est-ce qu'ils vont m'aimer ? Est-ce qu'ils vont être de gentils camarades pour jouer, ou est-ce qu'ils vont me battre ? J'ai peur. Finalement, je ne suis pas sûr du tout d'aimer cet endroit. Maman ! Ne me laisse pas ! J'ai si peur que j'ai envie de pleurer[5].* »

---

[5] Dodson F., *Tout se joue avant six ans*, Marabout, 1972, pp. 150-151.

❑ *Comment l'enfant vit-il l'entrée à l'école maternelle ?*

Qui ne connaît pas le triste jour de la rentrée à la maternelle envahi par les pleurs d'enfants qui refusent de quitter les bras de leur maman ou qui sont sur les genoux des maîtresses essayant de les consoler ? L'entrée à l'école maternelle représente certainement pour votre enfant un grand saut vers l'inconnu et une expérience douloureuse. Il est envahi par la peur de séparation et de l'inconnu. Il souffre de la séparation d'avec sa mère, sa maison, sa famille qui lui est difficile. De plus, il entre dans un monde totalement inconnu qui lui fait peur. Une nouvelle peur apparaît souvent au moment de la première scolarisation : la peur des enfants. La confrontation à un groupe met l'enfant face à tant de visages inconnus, tant d'agitation et tant de bruit qui ne sont pas très rassurants. Mais ne vous inquiétez pas, dès qu'il aura fait connaissance avec un ou deux camarades, les pleurs du matin disparaîtront et le plaisir d'aller à l'école augmentera au fils des semaines.

Si l'enfant a fréquenté la crèche, l'école s'inscrira dans une continuité. Au début, il devra se familiariser avec un environnement moins ludique, plus bruyant et plus rigide (il devra rester assis, écouter, etc.). Il devra aussi s'habituer à une institutrice moins disponible que les puéricultrices.

Malheureusement, il est possible que votre enfant continue à pleurer et à ne pas vouloir aller à l'école. Il peut également l'exprimer autrement : difficultés alimentaires, énurésie, etc. Cette mauvaise adaptation peut être la conséquence de problèmes familiaux : la naissance d'un autre enfant, la reprise d'une activité régulière de la mère ou une séparation entre les parents. Dans ces cas, l'enfant peut croire qu'on l'envoie à l'école pour se débarrasser de lui. Si votre enfant vit une situation difficile ou vous sentez qu'il est fort anxieux à l'idée d'aller à l'école, commencez par le scolariser progressivement.

 Attention. Si votre enfant continue de vivre la séparation d'une manière angoissante, et si sa maîtresse vous informe qu'il est triste et

qu'il n'a pas de copains, n'hésitez pas à consulter un psychologue.

❑ *Comment faciliter le passage à l'école maternelle ?*

Il est important de préparer votre enfant pour l'entrée à l'école maternelle, d'autant plus s'il passe directement de vos bras – ou de ceux de sa nounou – à la maternelle. Préparez-vous, vous aussi ! Souvent, ce grand jour est plus appréhendé par les parents que par les enfants. S'il ressent votre anxiété, cela ne fera qu'augmenter la sienne. Voici quelques conseils pour faciliter le passage à l'école maternelle.

✓ *Expliquez-lui en quoi consiste l'école : il pourra se faire de nouveaux copains, il s'amusera bien et il apprendra beaucoup de choses !*

✓ *Pendant l'été, essayez de l'habituer progressivement au rythme « scolaire ».*

✓ *Quelques jours avant, faites avec lui une simple reconnaissance des lieux. Montrez-lui les* bâtiments, la cour de récréation et, si vous la connaissez, sa classe, histoire de lui faire apprivoiser ce nouvel espace.

✓ *Le jour avant, préparez-le et rassurez-le. Dites-lui que certains enfants vont pleurer parce qu'ils ne sont pas grands. Selon les institutrices, les modalités de la séparation varient. Certaines préfèrent que les parents partent vite, d'autres, par contre, estiment que la séparation doit être douce et invitent les parents à entrer dans la classe. Montrez-vous rassurante, affectueuse, évitez absolument de vous laisser submerger par l'émotion et quittez-le sereinement.*

✓ *Soyez ponctuelle, un retard de quelques minutes serait fort mal vécu. Votre enfant pourra l'interpréter comme un abandon.*

✓ *Après l'avoir accueilli à la sortie de l'école, attendez d'être à la maison avant de lui poser des questions sur le déroulement de la journée. Il a besoin d'un temps d'adaptation pour* passer de la vie collective à la vie de famille. Souvenez-vous que pour un enfant de cet âge, c'est difficile d'évoquer des faits qui se sont déroulés il y a déjà quelques heures. De plus, il y a les problèmes liés à la maîtrise du langage et à la compréhension des questions posées. Par exemple, la question « Qu'est-ce que tu as fait à l'école ? » est très simple pour un adulte, mais très compliquée pour un enfant !

✓ Au quotidien, pour compenser la séparation, consacrez un maximum de temps à votre enfant. Donnez-lui la sensation que rien n'a changé à votre attachement.

L'arrivée d'un frère ou d'une sœur

« *Chaque fois qu'un petit frère ou une petite sœur entre dans la famille, votre enfant réagit de façon bien précise. Quand une mère me dit : « Jean-Pierre a aimé sa petite sœur dès le premier jour », je n'en crois rien. C'est psychologiquement impossible. Pourquoi ? Faisons ensemble une supposition. Supposez que demain votre mari vous annonce la plaisante nouvelle que voici : « Chérie, la semaine prochaine mon ancienne amie Roxanne viendra s'installer chez nous. Bien entendu je t'aime toujours autant. Je serai avec toi le lundi, le mercredi et le vendredi. Mais le mardi, le jeudi et le samedi je serai avec*

elle. Le dimanche sera tiré au sort. » De plus, quand cette rivale vient en effet s'installer chez vous, vous découvrez qu'elle n'a pas l'intention de lever le petit doigt pour vous aider dans vos tâches. Elle se contente de flâner toute la journée en lisant des magazines et en prenant des boissons fraîches. Quels sentiments éprouviez-vous devant cette Roxanne ? Une belle fureur sans doute ! Eh bien, c'est un peu près ainsi qu'un enfant d'âge préscolaire réagit à la naissance d'un petit frère ou d'une petite sœur. Il se sent lésé, ulcéré, hors de lui. »[6]

L'arrivée d'un frère ou d'une sœur apporte le partage affectif qui est l'expérience la plus difficile qu'un enfant puisse vivre. Un sentiment va envahir désormais son esprit : la jalousie. Ce sentiment est naturel et normal. Comme chez l'adulte, la jalousie se fonde sur le sentiment qu'il va perdre quelque chose. Pour lui, c'est avant tout l'amour de ses parents et particulièrement celui de sa mère.

Comment un aîné ne peut-il pas être jaloux d'un petit frère et d'une petite sœur ? Non seulement il voit se dérober de l'amour des

---

[6] Dodson F., *Tout se joue avant six ans*, Marabout, 1972, p.114.

parents, mais il voit aussi son territoire envahi. Sa petite chambre sera occupée désormais par un autre qui risque, en plus, de lui prendre ses jouets. Les visites des uns et des autres membres de la famille pour admirer le nouveau venu seront une autre occasion qui le rendra furieux et jaloux.

Souvent, l'aîné trouve des confirmations à ses peurs d'être mis de côté, de perdre l'amour de ses parents, d'être abandonné. Baldwin, célèbre psychologue du développement de l'enfant, a montré qu'au fur et à mesure que le moment de la naissance du bébé arrive, les mamans diminuent leur attention vers l'aîné. Pendant les semaines qui suivent la naissance, la maman s'occupera certainement plus du bébé parce qu'il nécessite des soins et une grande attention. De plus, l'aîné est attristé par les manifestations de joie des parents envers le nouveau venu. Il devrait donc être doublement aimé et entouré. Mais d'habitude, c'est ce que les parents, grands-parents, oncles et tantes ne font pas. Souvent, ils enfoncent encore plus l'aîné quand ils déclament les perfections du nouveau-né : « Qu'il est beau, qu'il est magnifique ». Les réactions de celui-ci ne tardent pas à venir…

Ne vous dites pas « Oh, il va être malheureux le pauvre petit... ». Si vous l'aidez à surmonter ces nouvelles expériences pénibles, il franchira une étape importante qui l'aidera beaucoup à grandir.

❑ *La naissance d'un petit frère suscite-t-elle toujours des réactions chez l'aîné ?*

Oui, l'arrivée d'un nouveau venu déclenche toujours quelques réactions. Quelques fois, elles sont légères et passagères, d'autres fois, très intenses et persistantes. Elles peuvent même laisser des séquelles pour toute la vie. L'aîné manifeste souvent de l'agressivité envers l'aîné soit en le dénigrant, soit en l'ignorant soit même en niant tout simplement sa présence. La jalousie s'exprime aussi par des gestes déplacés et quelques fois violents. L'enfant devient coléreux, capricieux, et facilement irritable. Des comportements qu'il ne faut pas laisser s'installer, car ils pourraient agir sur le caractère et la personnalité future de l'enfant. La colère ou l'expression de la jalousie vis-à-vis du bébé ne s'exprime pas nécessairement dans les premières semaines. Elles peuvent se manifester après plusieurs sous différentes formes. L'enfant exprime ces sentiments avec différents mots : « Tu t'occupes toujours du bébé », « Je n'aime pas le bébé ».

Il y a aussi toujours des moments de régression : il peut se remettre à se salir, à réclamer le biberon ou à exiger qu'on le prenne et qu'on le berce. C'est comme si, en s'identifiant au nouveau venu, l'aîné disait : « Peut-être que si je recommençais à agir comme un bébé je pourrais obliger maman à donner à moi son amour et son attention ! ». Cette régression est liée aux différentes angoisses que ressent votre enfant. Une fois ses angoisses apaisées, cette régression disparaît. Ces régressions correspondent à un double mouvement. D'un côté, l'enfant veut imiter ce bébé parce qu'il intéresse tout le monde. D'un autre côté, il veut aussi faire comme son petit frère parce qu'il l'aime. Normalement, cette période de régression ne dure pas très longtemps.

L'aîné vit mal aussi le moment du repas du nouveau-né. Ne soyez pas surpris s'il en profite pour faire quelques bêtises !

❑ *Y a-t-il une période plus difficile ?*

Entre 18 mois et quatre ans, l'enfant est en train de se construire un équipement psychique pour faire face à l'angoisse de séparation. Avant les quatre ans, la personnalité de l'enfant n'est pas bien encore « installée ». À partir de quatre ans, l'enfant commence à intérioriser les images parentales. Il peut alors facilement porter au nouveau venu les mêmes sentiments positifs et protecteurs qu'il observe chez ses parents. Non seulement il ne se sentira plus menacé, mais il pourra se sentir valorisé. Plusieurs recherches ont mis en évidence que le sentiment de jalousie diminue en augmentant l'écart entre le nouveau-né et l'aîné. Le meilleur âge pour l'arrivée d'un petit frère ou une petite sœur serait donc après quatre ans.

❑ *Comment puis-je aider mon enfant à mieux vivre la naissance du bébé ?*

« Souvenez-vous que la justice familiale ne consiste pas à traiter tous les enfants de la même manière, mais à assurer à chacun d'eux la tendresse et l'attention dont il a besoin. »

Vous pouvez aider votre enfant à amortir le choc du partage de l'affection des parents grâce à quelques conseils pratiques :

Avant la naissance

✓ *Attendez le quatrième mois avant de lui annoncer la naissance d'un nouveau-né pour éviter à devoir gérer son incompréhension et votre douleur s'il y a un souci dans les trois premiers mois.*

✓ *Pendant la grossesse, montrez-lui les bébés dans la rue, dans les magazines... et encouragez-le à toucher votre ventre pour qu'il sente le bébé bouger.*

✓ *Expliquez-lui pourquoi votre ventre grossit et pourquoi un jour vous allez vous absenter. Lisez-lui des livres sur la grossesse, ils vous aideront dans les explications. Dites-lui que, au fur et à mesure que le bébé grandit dans votre ventre, vous serez fatiguée les prochains mois, mais que vous serez toujours à ses côtés.*

✓ Dites-lui que le bébé dormira beaucoup au début, mais il pourra très vite jouer avec et lui apprendre beaucoup de choses.

✓ Expliquez-lui que vous allez rester quelques jours à la maternité et dites-lui qui va s'occuper de lui pendant cette période. Il est très important pour un enfant d'avoir des repères précis pour surmonter la peur de séparation. Dites-lui qu'il pourra venir vous voir pendant dans la journée.

Après la naissance

✓ Ne niez surtout pas la jalousie, reconnaissez-la et dites-lui que c'est un sentiment naturel que tous les enfants éprouvent quand un nouveau-né arrive au sein de la famille. C'est en niant ce sentiment qu'il peut se fixer et c'est en l'acceptant que vous limiterez les réactions agressives. La compréhension, la disponibilité et l'amour l'aideront à surmonter la jalousie.

✓ Essayez d'anticiper les situations qui peuvent entretenir le sentiment de jalousie.

✓ *Valorisez le rôle de votre enfant en le responsabilisant le plus possible. Demandez-lui, par exemple, de participer aux soins du bébé, sans pour autant lui donner des responsabilités réelles. Quelquefois, vous ferez semblant d'échouer. Il sera particulièrement fier de réussir là où vous faites semblant d'échouer. Petit à petit, il se sentira comme un véritable tuteur pour son cadet. Plus il sera impliqué dans ce nouvel événement familial, et plus il aimera son cadet...*

✓ *Mettez de temps en temps en évidence les défauts de votre bébé. Votre enfant en sera ravi.*

✓ *Votre enfant régresse, joue au bébé, vous demande de manger au biberon. Qu'est-ce que vous devez faire ? Il ne faut pas forcément l'interdire. Laissez-lui la possibilité de revenir en arrière s'il le désire. S'il vous demande un biberon, vous pouvez le lui donner. Dites-lui par exemple : « Aujourd'hui, tu as envie de*

faire comme quand tu étais petit. Si tu veux,
prends ton biberon comme quand, tu étais petit
(ne lui donnez pas celui du nouveau-né) ». Mais
surtout, dites-lui que c'est un jeu sinon vous
risquez de faire passer dans la réalité les
fantasmes et les désirs de régression de votre
enfant. Généralement, l'aîné s'aperçoit très vite
que ce rôle n'est pas pour lui et le
comportement régressif part tout seul.

✓ *Évitez les mesures punitives dans ce contexte.*
Elles ne feront que lui confirmer ses craintes et
son anxiété. Ne le grondez pas, mais rassurez-
le plutôt.

❑ ***Dois-je le réprimander ou faire***
exprimer sa jalousie ?

Évitez de réprimander votre enfant
lorsqu'il manifeste sa jalousie et essayez,
surtout, de l'aider à exprimer son hostilité avec
des mots. Dites-lui que vous comprenez qu'il
ne soit pas content de l'arrivée de ce bébé,
mais qu'il ne doit pas l'agresser physiquement.
Et s'il veut l'agresser physiquement, proposez-

lui plutôt : « Et si tu racontais ce que tu voudrais lui faire ? » ou « Et si tu me dessinais – ou si tu me faisais en pâte à modeler – ce que tu voudrais lui faire ? ». Laissez l'enfant exprimer ses fantasmes, il pourra ainsi décharger son agressivité.

La phase oedipienne

Jusqu'ici, votre petit garçon était fier de se diriger vers son papa. Maintenant, il préfère la compagnie de sa maman et il se colle à elle comme quand il était tout petit. Votre petite fille, au contraire, se dirige vers son papa pour avoir quelques câlins et repousse avec plaisir sa maman.

Ce phénomène s'appelle « Le complexe d'Œdipe ».

Mais on peut aussi assister à un autre scénario qui est pourtant de la même nature. La petite fille refuse les câlins de papa et veut passer ses journées avec sa maman pour lui ressembler en tout. Le petit garçon, au contraire, ira chercher la compagnie de son papa pour l'imiter en tout.

Le complexe d'Œdipe se manifeste alors d'une manière opposée.

Ces deux versions du Complexe d'Œdipe ont un point en commun. Que ce soit la petite fille ou le petit garçon, ils refusent tous les deux de vous voir jouer les amoureux. Ils sont toujours prêts à intervenir au cas où il y aurait trop de tendresse entre vous.

❏ Qu'est-ce qui se passe ?

Jusqu'à présent, votre enfant ne savait pas bien distinguer ce qui était homme ou femme, masculin ou féminin. Au cours de la troisième année, l'enfant est plus particulièrement curieux de son corps, et s'interroge sur la différence des sexes et sur l'origine des enfants. Il découvre ses organes génitaux, s'y intéresse de près et éprouve des sensations de plaisir. L'observation des enfants montre que la masturbation augmente nettement à partir de la troisième année. Mais, ne vous inquiétez pas, la masturbation est un plaisir comme un autre pour un enfant. C'est un jeu auquel il n'attribue aucune valeur morale. C'est la réaction de l'adulte qui lui donne de l'intérêt.

La curiosité qu'il a envers son propre corps va se déplacer sur le corps de ses camarades et de ses parents. Il va progressivement faire des découvertes qui vont le bouleverser. Pendant les séances de pot ou les bains, à la crèche ou sur la plage, chez un cousin ou une cousine, il observe et étudie méticuleusement les corps des autres enfants. Tout étonné, il se rend compte qu'un homme et une femme ne sont pas identiques. Maintenant, il va se rendre compte qu'il est un garçon ou une fille.

Mais, cette découverte va l'amener à se poser plusieurs questions. Le petit garçon, qui découvre que tout le monde n'est pas pourvu d'un pénis, se demande : « Mais, pourquoi les petites filles n'ont pas un pénis ? » Il arrive bientôt à une conclusion : le pénis des petites filles a d'abord été présent puis a été enlevé. Le petit garçon, qui était fier de son pénis en le montrant et le comparant avec celui de son entourage, est maintenant angoissé à l'idée que son sexe puisse tomber ou qu'on puisse le lui couper. La petite fille, elle, est persuadée que son sexe va pousser étant donné que, ce qu'elle a, est un peu court comparé au pénis des garçons.

À présent, une nouvelle composante plus sexuée se manifeste dans la relation entre le petit garçon ou la petite fille et ses parents. Une attraction plus marquée pour le parent de sexe opposé se fait jour. En même temps, l'enfant devient plus agressif envers le parent de même sexe qu'il perçoit comme un rival. Ces manifestations constituent le « Complexe d'Œdipe ». C'est un stade parfaitement normal qui apparaît toujours, même s'il n'est pas toujours reconnaissable. Petits garçons et petites filles y sont soumis. Le petit garçon rêve de devenir le mari de sa mère et la petite fille aimerait prendre la place de sa mère auprès de son père. Ces sentiments peuvent s'exprimer clairement. « Quand je serai grand, je serai le papa », disent les petits garçons. Et les petites filles disent « Plus tard je me marierai avec papa ». Dans son imagination, l'enfant se voit repoussé par l'un et craint les « représailles » de l'autre, beaucoup plus fort et puissant que lui.

L'enfant ne cesse pas pour autant d'aimer les deux parents et d'avoir besoin de chacun d'eux. Il reste toujours fort attaché à son rival ou à sa rivale. Comment se passer de son papa, fort et protecteur ? Comment se passer de sa maman, protectrice et rassurante ? Comment détester sa mère alors que celle-ci représente tout pour elle ? Pour résoudre ce conflit intérieur, l'enfant peut très bien choisir de se rapprocher du parent de même sexe. Ainsi, il reste avec son papa ou sa maman qu'il aime tant. Il ne veut pas trop se rapprocher à l'autre parent parce qu'il a confusément peur de tomber amoureux. Ce n'est pas rare de voir une petite fille se coller à sa maman et repousser les câlins de son papa.

Ce mélange de haine et d'amour est une source constante de conflits psychiques qui explique souvent les nombreuses manifestations d'angoisse, les cauchemars et les colères qui surviennent à cet âge-là.

De l'âge de trois ans à six ans environ, l'enfant se rend compte progressivement que ses désirs ne peuvent pas se réaliser et que jamais il ne remplacera son père ou que jamais elle n'évincera sa mère. Pour sortir de cette difficile situation, l'enfant trouve la solution de la ressemblance et l'identification au parent de même sexe. Le petit garçon se dit : « Quand je serais grand, je serais comme mon papa et je pourrais trouver aussi une jolie femme ». De plus, en étant à l'image de son papa, il a le sentiment d'être aimé de sa mère. La petite fille se dit aussi : « Quand je serais grande, je serais comme maman, je pourrais trouver aussi un homme comme papa ». De plus, en étant comme la maman, elle a le sentiment d'être très proche du papa.

❑ *Comment puis-je aider mon enfant pendant la phase oedipienne ?*

De nombreuses manifestations d'angoisse sont alimentées par les conflits psychiques qui caractérisent le Complexe d'Œdipe. Et de nombreux troubles psychiques de l'adolescence et de l'âge adulte peuvent être mis au compte d'un complexe d'Oedipe qui a été mal résolu dans l'enfance. Il est donc vivement conseillé d'être attentif à cette période.

Voici quelques conseils pour aider votre enfant à mieux résoudre ses conflits oedipiens :

✓ *Montrez-vous un couple amoureux. Si votre enfant vous sent proches et complices, il trouvera plus facilement sa place. Par contre, s'il vous sent éloignés et toujours en dispute, il lui sera plus difficile de trouver ses propres repères d'identification.*

✓ *Créer une ambiance d'amour envers votre enfant. Une telle ambiance lui permettra de dépasser plus facilement l'agressivité envers le parent rival. En se sentant aimé, l'enfant va progressivement atténuer ses propres réactions agressives.*

✓ *Si vous êtes le parent aimé, vous pouvez exercer un interdit moral sur votre enfant en lui communiquant sa douleur face à son attitude, même si celle-ci s'adresse à l'autre.*

✓ *Ne laissez jamais espérer à votre enfant qu'il pourra un jour prendre la place dont il rêve. Dites-lui que vous aimez votre conjoint et que, quand il sera grand, il trouvera aussi une âme sœur et aura des enfants. Il est important de réaffirmer clairement sa position de l'enfant dans la famille, vis-à-vis de son père et sa mère. Ainsi, votre union sera pour lui un obstacle infranchissable.*

✓ *Si votre enfant veut vous séparer, dites-lui :*
« Pour l'instant, je fais un câlin à ton papa.
Après, je ferai un câlin à toi, mais ce n'est pas
la même chose. »

✓ *Évitez toute relation trop forte, trop aimante et*
trop sensuelle avec votre enfant. La maman ne
doit pas préférer l'enfant à son mari. Le papa
ne doit pas être trop présent ou affectueux avec
sa fille. Autrement dit, évitez les effusions de
tendresse excessives qui risquent de créer chez
l'enfant une sensualité précoce dont il aura du
mal à se libérer. De plus, une tendresse
excessive donnée à l'enfant à cette période
risque de lui rendre toute frustration
insupportable par la suite.

✓ *Définissez clairement les rôles « paternels » et*
« maternels ».
✓ *Ayez des échanges fréquents et réguliers avec*
l'entourage familial et/ou amical. Vous
éviterez ainsi de vous polariser trop sur votre
enfant.

✓ *Si vous êtes une maman seule, ne vous polarisez pas exclusivement sur votre enfant. C'est important que vous désiriez quelqu'un d'autre ou quelque chose d'autre, si vous n'avez pas de partenaire amoureux. L'important c'est qu'il y a un tiers entre vous et votre enfant. Vous pouvez aussi lui dire : « C'est vrai qu'il n'y a pas d'homme dans ma vie, mais ce n'est pas une raison pour que tu prennes la place. Toi, tu es le petit garçon de ma vie. C'est différent ».*

✓ *Si l'enfant exprime verbalement des désirs de mort ou de disparition du rival, il vaut mieux que vous n'y prêtiez pas attention. Si vous voulez, vous pouvez lui demander de dire pourquoi il dit cela. Généralement, l'enfant ne sait pas en dire plus.*

✓ *Si vous êtes le père, sachez que vous avez une fonction très importante pour un bon déroulement de la phase oedipienne.*

La relation fusionnelle est une source de plaisir intense qui dure longtemps. La fonction du père est d'interrompre cette fusion mère-fils.

Lorsqu'une maman est envahissante envers son enfant, le rôle du père est aussi d'y mettre une halte. Si, par exemple, une maman dit continuellement à son enfant ce qu'il doit faire et ne pas faire, le père ne doit pas hésiter à intervenir pour atténuer l'emprise de la maman sur l'enfant[7].

L'autorité du père ne devrait pas être mise en doute. La petite fille doit comprendre que son père ne cédera pas à ses avances et le petit garçon doit être convaincu qu'il ne réussira jamais à prendre la place de son père.

Le père doit servir non seulement de rival, mais aussi de modèle d'identification masculine.

❖ Si votre enfant se masturbe, ne soyez pas choqué et surtout ne le culpabilisez pas ou ne vous moquez pas de lui. Vous risquez de lui provoquer une frustration nuisible pour son

---

[7] J'ai analysé et approfondi cette question, d'une manière plus technique, dans mon ouvrage ; *L'anorexie face au miroir. Le déclin de la fonction paternelle*, Paris, L'Harmattan, 2010.

développement de sa personnalité qui aura un retentissement sur son épanouissement sexuel futur. La masturbation est physiologique et naturelle. Aujourd'hui, la sexualité infantile est reconnue et aucun parent ne devrait se préoccuper. La masturbation est un secret que l'enfant oubliera vers six ans et retrouvera à l'adolescence. Attention, si la masturbation est trop fréquente, elle peut manifester une problématique affective.

Quand s'inquiéter des peurs de son enfant ?
Quand consulter un spécialiste ?

On peut s'inquiéter quand on se trouve face à une phobie ou quand il y a une angoisse de séparation très intense.

❑ *La phobie*

On doit commencer à s'inquiéter, lorsqu'on ne se trouve plus face à une peur, mais face à une phobie. La peur qui caractérise la phobie - le terme plus approprié ici serait « l'angoisse »- est systématique et incontrôlable, et elle est ressentie face à un élément qui n'est pas habituellement reconnu comme dangereux. Elle est donc injustifiée. Contrairement à la peur, la phobie dérange la vie sociale de l'enfant parce qu'il va dépenser beaucoup d'énergie pour ne pas se retrouver confronté à l'objet de sa phobie. Généralement, on parle de phobie lorsque les trois suivants aspects sont présents :

- Il y a des répercussions sociales ou des changements dans la vie quotidienne de l'enfant. Un premier exemple. Si votre enfant est invité à l'anniversaire d'un ami qu'il aime bien, mais il ne veut absolument pas y aller parce que son petit copain a un chien. Cette peur a effectivement une répercussion sociale parce qu'elle empêche l'enfant de faire une activité sociale. Un deuxième exemple. Votre enfant ne veut plus aller à la toilette tout seul parce qu'il dit qu'il a peur des araignées. Dans ce cas, la peur provoque un changement dans la vie quotidienne de l'enfant.

- L'anxiété est intense. Lorsque l'enfant est en proie d'une angoisse très forte, il va s'éloigner de l'objet de la peur en criant et en pleurant. À cause de l'angoisse, il peut perdre l'appétit, le sommeil et le sourire.

- La peur persiste depuis plusieurs mois - habituellement, on s'inquiète après six mois - malgré l'aide apportée et les moyens utilisés pour aider l'enfant à surmonter sa peur.

Quand ces trois facteurs sont présents, une angoisse importante pourrait se généraliser et nuire au développement de l'enfant. Le recours à un psychologue est alors nécessaire.

❑ *Anxiété de séparation*

Comme nous avons déjà vu, l'angoisse de séparation fait partie du développement normal de l'enfant dès les premières années de vie. Elle devient problématique si elle est excessive et empêche l'épanouissement de l'enfant et son ouverture sur le monde extérieur.

L'excès d'angoisse se manifeste essentiellement lorsque l'enfant se sépare des personnes auxquelles il est attaché ou lorsqu'il est éloigné des siens. Parfois, il y a une anticipation de la séparation avec une angoisse qui augmente progressivement jusqu'au moment de la séparation. Cette angoisse excessive se manifeste à travers :

✓ les pleurs et les crises de colère, une résistance active à la séparation ;

✓ les manifestations somatiques (céphalées, nausées, douleurs abdominales…) ;

✓ les ruminations avec perception d'un danger, d'une menace (mal définie…).

Souvent, elle provoque de fréquents cauchemars et des comportements régressifs : une recherche permanente et excessive d'attention, un besoin d'être toujours en contact avec le parent, une demande de dormir dans la chambre parentale…

❏ *Conclusion*

Il est important donc que les parents ne sous-estiment pas les peurs des enfants. Lorsque certaines peurs s'installent, l'enfant peut manifester une difficulté croissante à poursuivre son développement et la peur s'associe à un ensemble de manifestations :

• il devient irritable et nerveux ;
• les rituels du coucher ne réussissent plus à le sécuriser et à l'endormir, ou

s'il s'endort c'est pour se réveiller dans l'heure suivante ;

- l'énurésie[8] ou l'encoprésie[9] apparaît ;
- le développement intellectuel est bloqué, une timidité ou une agressivité excessive perturbe les relations avec l'entourage ; des troubles somatiques variés se répètent ;
- l'enfant peut aussi devenir plus difficile et veut toujours transgresser les normes, les règles et les habitudes de vie de son milieu ;
- etc.

Il est alors évident que l'enfant ne sait plus faire face à l'angoisse. Dans ces cas, il ne faut plus chercher la cause dans des événements extérieurs. La cause est à l'intérieur du psychisme. L'enfant ne sait plus faire face à des conflits internes. La psychothérapie individuelle s'avère alors un moyen efficace pour résoudre ses conflits psychiques. En outre, elle permet de prévenir des difficultés importantes qui pourront se manifester au début de la scolarisation.

---

[8] Émission involontaire et inconsciente d'urine.

[9] Défécation incontrôlée et habituelle chez l'enfant.

Chapitre IV

Mon enfant entre à l'école

Vers 6-7 ans, la plupart des peurs des années précédentes disparaissent progressivement. La maturation psychique de l'enfant lui permet de prendre conscience du caractère exagéré de sa peur, et il a une meilleure confiance en lui-même et dans le monde qui l'entoure. Mais d'autres peurs apparaissent, notamment des peurs liées à la réalité sociale : peur de l'école, des relations à *autrui, des sports, des accidents, de la violence physique, de l'enlèvement, de l'incendie de la maison, de la mort.*

❏ *La peur des représailles*

Vers 6-7 ans, il y a plusieurs comportements typiques qui apparaissent : l'enfant marche ou évite de marcher sur les lignes tracées dans la rue, sur le trottoir, sur un plancher ; il compte les carreaux sur le plancher, les fenêtres de la maison, de l'école ; il place ses affaires d'une certaine manière dans son tiroir ou sur le pupitre. Si ces comportements se manifestent chez un adulte, ils sont considérés comme pathologiques et ils sont appelés « comportements obsessionnels ». Par contre, à cet âge, ce sont des comportements tout à fait normaux.

Mais, pourquoi y a-t-il ce genre de comportement ? La fréquentation scolaire exige de l'enfant le respect de nouvelles normes, la soumission à des règles disciplinaires, la compétition sportive et scolaire, etc. On attend de lui beaucoup de choses : qu'il prenne soin des manuels, qu'il range ses affaires, qu'il tienne ses cahiers d'exercices propres, etc. L'envie et la possibilité de transgresser sont à la fois une manière de s'affirmer et d'évacuer de la tension face à toutes ces exigences. Mais les représailles – comme les punitions, humiliations, moqueries, etc. – liées à la transgression sont une source d'angoisse et de peur. L'enfant utilise alors des mécanismes obsessionnels, qui sont normaux pendant cette période, pour éviter les réprimandes et conserver l'affection de ceux qui l'entourent. L'enfant essaie de se contrôler et il pense et il agit de manière à ne pas oublier de se contrôler. Les comportements que nous avons décrits apparaissent alors pour conjurer l'erreur et les représailles, et pour éviter de transgresser.

 Les comportements obsessionnels disparaissent avec l'âge. Mais s'ils envahissent la vie quotidienne de votre enfant, s'ils sont intenses et fréquents, cela signifie que l'enfant est fort angoissé. Alors, il est conseillé de consulter un psychologue.

❑ *L'entrée à l'école*

« Votre enfant de 7 ans travaille avec soin à la maison et tout se passe bien à l'école. Mais il se lamente souvent de

maux de ventre le dimanche soir. Il se confie à vous, et dit : « Je n'aime pas l'école, je préfère rester à la maison ». Et les parents, inquiets et désemparés, se demandent : « Comment est-ce possible ? Quand il était à l'école maternelle, il préférait aller à l'école plutôt que rester à la maison. Et maintenant c'est le contraire ! »

L'entrée à l'école représente un vrai tournant dans la vie d'un enfant. Bien qu'il a déjà deux ou trois ans au moins d'expérience en milieu préscolaire, le milieu scolaire présente plusieurs différences. L'enfant va faire l'expérience d'un milieu affectivement neutre à son égard, il va devoir s'adapter à plusieurs contraintes. En quelques mois, il y a un passage d'une pédagogie individualisée à l'acceptation de règles de conduite et de rythmes différents. Le maître donne une image différente de celle des parents et celle des éducateurs du niveau préscolaire. Mais l'entrée à l'école, c'est aussi la découverte de la vie sociale et de la vie publique. L'enfant entre en société avec ses pairs et fait partie d'un groupe. À partir de maintenant, la société des pairs prendra autant d'importance que la vie en famille. Dorénavant, le souci de l'enfant est de retrouver ses copains, de rivaliser avec eux, et de s'affirmer parmi eux. Les parents renvoient aussi un vécu différent. Quand l'enfant était à l'école préscolaire, les parents demandaient à leur enfant : « Comment c'était avec ta maîtresse ? Qu'as-tu fait aujourd'hui ? » Maintenant, ils demandent : « Tu as bien travaillé ? Qu'est-ce que tu as pour demain ? »

Comme toujours, les peurs se forment et s'aggravent au fur et à mesure que l'enfant découvre le monde et que se multiplient les exigences auxquelles il est soumis. Ces exigences alimentent les conflits psychiques entre ses besoins personnels et les interdits des autres, et entre ses désirs et la difficulté de les réaliser à cause de ses capacités ou de son entourage. Avec les débuts de la vie scolaire, il y a de nouveau l'épreuve de la séparation. Mais en plus, il y a l'épreuve de l'autorité et l'entrée dans un nouveau monde. Un enfant qui a bien surmonté l'angoisse de séparation et les différentes peurs des premières années, qui n'est plus attaché à la figure parentale aimée pendant la phase oedipienne, qui a bien intériorisé la figure paternelle, pourra facilement surmonter ces nouvelles épreuves. Ce seront alors simplement des difficultés passagères, et l'enfant s'habituera vite à son école. Mais il y a une nouvelle peur qui se fait jour : la peur de l'échec. Tous les enfants la rencontrent un jour. L'enfant comme les parents devront y faire face.

 Attention. Si votre enfant refuse d'aller à l'école, et lorsque vous le poussez à y aller, il se met à pleurer, alors il se peut qu'il ait ce qu'on appelle une phobie scolaire.

❏ *Comment faciliter son entrée à l'école ?*

✓ *Ne dites pas du mal de l'école, mais valorisez cette institution et le nouveau statut d'écolier de votre enfant. S'il sent que vous souffrez de cette séparation, il ne sera pas content d'aller à l'école.*

✓ *Expliquez-lui en quoi consiste l'école : il pourra se faire de nouveaux copains et il apprendra beaucoup de choses.*

✓ *Quelques mois avant la rentrée scolaire, votre enfant pourrait faire connaissance avec les lieux, l'espace et les personnes qui vont l'accueillir. Éventuellement, faites-lui visiter sa future école au cours d'une journée portes ouvertes.*

✓ *Quelques jours avant, faites avec lui une simple reconnaissance des lieux. Montrez-lui les bâtiments, la cour de récréation et, si vous la connaissez, sa classe, histoire de lui faire apprivoiser ce nouvel espace.*

✓ *Après l'avoir accueilli à la sortie de l'école, attendez d'être à la maison avant de lui poser des questions sur le déroulement de la journée. Il a besoin d'un temps d'adaptation pour passer de la vie collective à la vie de famille. Souvenez-vous que pour un enfant de cet âge, c'est difficile d'évoquer des faits qui se sont déroulés il y a déjà quelques heures.*

❑ **Comment puis-je aider mon enfant à mieux s'intégrer à l'école ?**

Voici quelques conseils pour aider votre enfant à mieux s'intégrer à l'école. Ces conseils peuvent aussi prévenir une phobie scolaire.

✓ *Ne disqualifiez pas l'école aux yeux de votre enfant, en lui laissant croire que l'école n'est pas intéressante. Ne lui dites pas « Ce n'est pas grave, si tu manques l'école ». Si votre enfant a arrêté pendant trois jours l'école et qu'il doit reprendre le jeudi, il doit y retourner le jeudi. Faites en sorte qu'il maintienne une régularité, et ne rentrez pas dans l'indulgence.*

✓ *Inculquez à votre enfant, dès la petite enfance, l'importance des règles sociales et montrez-lui que vous y êtes aussi soumis.*

✓ *Ne soyez pas focalisé sur la réussite scolaire et évitez de répéter continuellement « C'est dès maintenant que l'avenir se joue ! ». Si vous centrez toute votre attention sur la réussite* scolaire, votre dialogue avec votre enfant se focalisera trop autour de l'évaluation quotidienne des résultats scolaires. Petit à petit, vous mettrez en place une relation où seulement l'attente des résultats prime au détriment des différents aspects de la personnalité de votre enfant qui risquent même de n'être plus pris en compte. Cette pression excessive est une source d'anxiété et provoque aussi des blocages. Vous devez certainement vous intéresser aux résultats de votre enfant, mais ne le faites pas continuellement. Et surtout, soyez à l'écoute de votre enfant et intéressez-vous aux autres aspects de son vécu quotidien.

✓ Lorsque votre enfant vous montre son bulletin trimestriel, évitez les réactions trop émotives comme : « Je n'en peu plus de voir ces résultats ! », « Ça me fait mal de lire ces notes », « Avec des notes pareilles, tu vas rien faire dans la vie ». Être mécontent ou être inquiet sont des réactions légitimes, mais se *mettre en colère ou s'angoisser sont des réactions qui ne vont pas aider votre enfant.*

✓ *Favorisez son indépendance. Habituez-le à ne pas rechercher constamment l'approbation des autres de sorte qu'elle ne soit pas perçue comme nécessaire.*

✓ *Ne lui renvoyez jamais ce message « Tu as deux en français, alors tu veux deux ». Les notes ne doivent pas avoir une incidence sur la valeur et identité de votre enfant.*

✓ *Votre slogan devrait être : « Personne n'est parfait ! » Dites-lui que vous commettez aussi des erreurs de temps en temps et que cela fait partie de la vie quotidienne. Un enfant qui ne veut commettre aucune erreur parce qu'il a peur d'en commettre, il risque de se remettre difficilement d'un échec.*

✓ *Évitez de féliciter votre enfant pour le moindre résultat positif.*

✓ *Plutôt que lui dire « Tu aurais dû avoir une meilleure note... », dites-lui : « Nous savons que tu as fait des efforts, et t'aimons aussi quand les notes sont moins bonnes ».*

✓ *Débarrassez-vous de l'idée que votre enfant ne doit pas subir de frustrations quotidiennes.* Cette idée produit habituellement une attitude excessivement protectrice vis-à-vis de l'enfant qui risque de le rendre plus vulnérable face aux nouveautés et aux imprévus. Il pourra ressentir plus facilement une peur face à une nouvelle situation qui sera vite vécue comme dangereuse. Les parents qui ont cette attitude se précipitent à mettre en place trop rapidement les comportements suivants :

- Mettre un soutien scolaire important, sans attendre que l'enfant fasse des efforts ;
- Les parents ne poussent pas l'enfant à être actif dans les recherches et les découvertes ;
- les contacts sociaux sont évités au maximum ;

- beaucoup d'activités scolaires ou extra-scolaires sont vécues comme dangereuses.

✓ *Sans être nécessairement autoritaire, mettez des règles que votre enfant doit respecter. L'absence de règles ou de contraintes éducatives, ce qu'on appelle une attitude permissive, rendra votre enfant intolérant aux frustrations. Souvenez-vous qu'une règle doit être partagée et respectée par les deux parents. Si une règle n'est pas respectée par les parents ou si elle est contredite par un des parents, elle n'aura aucun impact sur l'enfant. Mettre des règles ne veut pas dire enlever à votre enfant le plaisir. Il suffit de trouver un équilibre entre loisir et devoir, entre plaisir et frustration. Freud disait qu'il y a un bon équilibre psychique quand il y a un équilibre entre le principe de réalité et le principe de plaisir. Les parents ont certainement un rôle important pour favoriser cet équilibre.*

Phobie scolaire

❑ Qu'est-ce que la phobie scolaire ?

« *Vous accompagnez votre enfant à l'école qui s'est toujours réjouie à l'idée de passer la matinée avec des camarades, à jouer et à connaître d'autres copains. Vous faites le tour de l'école, puis devant la porte vous l'embrassez et vous lui dites : « Je viens te chercher plus tard, à 15h20 ». À ce précis moment, l'expression de son visage se transforme et, avec les yeux pleins de terreur, elle pleure, tremble, transpire comme si elle avait la fièvre. Vous avez beau lui répéter qu'elle a six ans, et que les grandes filles n'ont pas peur, mais cela ne sert à rien. Ce sont les réactions d'un enfant qui a une phobie scolaire.* »

La définition[10] de la phobie scolaire est assez simple. Elle correspond à la peur

---

[10] Voici quelques définitions techniques. Définition d'Ajuriaguerra: "Enfants qui pour des raisons irrationnelles refusent d'aller à l'école et résistent avec des réactions très vives de panique, quand on essaie de les y forcer".
Définition de Berg (1969) : « très grande difficulté à être assidu à l'école sévère bouleversement affectif, absence de troubles antisociaux, parents au courant »

irrationnelle de se rendre à l'école. Dans un premier temps, votre enfant refuse d'aller à l'école, sous prétexte qu'il a mal - imaginaire ou pas - au ventre, mal de tête, ou des nausées. Puis, ce refus se transforme en réactions d'angoisse. Si vous insistez trop, ces réactions risquent de devenir des attaques de panique. Il y a d'autres manifestations qui s'ajoutent : des pleurs, des tremblements, des vertiges et des vomissements, de l'eczéma, des maux de tête, etc. L'angoisse disparaît dès que la cause, qui est l'école, n'est plus évoquée. Comme par miracle, si votre enfant ne fréquente plus l'environnement scolaire, il retrouve l'apaisement et ses souffrances disparaissent.

Il faut différencier la phobie scolaire de l'angoisse de séparation du petit enfant à l'école maternelle ou du refus scolaire où la réaction d'anxiété n'est pas présente. C'est une vraie phobie liée à la scolarité. L'enfant qui a une phobie scolaire n'est pas un paresseux et ce n'est pas un enfant qui n'aime pas les études. Il ne peut pas se rendre au cours parce qu'il ressent une angoisse liée et à l'environnement scolaire.

□ *Qui est atteint ?*

La phobie scolaire touche aussi bien les bons élèves que les moins bons. Le seul point commun est peut-être une difficulté à s'adapter en dehors de la famille. Selon les études, 1 à 5 % des enfants scolarisés dans les pays occidentaux souffrent de phobie scolaire. En général, elle concerne plus les filles que les garçons. Elle se manifeste le plus souvent à l'adolescence, mais elle atteint aussi les jeunes enfants.

❏ *Comment est-ce qu'elle se manifeste ?*

La phobie scolaire se traduit, au départ, par un refus d'aller à l'école et, ensuite, par une incapacité totale de retourner en classe.

Parfois, elle se manifeste d'une manière progressive. Les premiers signes apparaissent dès que l'enfant envisage l'école, que ce soit la veille, le réveil ou le départ pour l'école. Il essaiera de trouver un prétexte acceptable pour ne pas aller à l'école. À l'heure du lever, il y a des enfants qui se plaignent de douleurs au ventre ou d'autres maux. Lorsque les parents forcent l'enfant, celui-ci s'exprime par des cris, de l'agressivité, des fugues ou encore des menaces…

Le plus souvent, la phobie scolaire se manifeste subitement. L'enfant refuse de se rendre à l'école ou de pénétrer dans la classe avec des manifestations d'angoisse intense. Si les parents le forcent, des réactions de panique peuvent apparaître.

L'enfant refuse alors de sortir de chez lui ou de se lever le matin. Il s'isole de plus en plus : il renonce à ses loisirs, ne pratique plus aucune activité sportive et ne voit plus ses copains. Ces comportements témoignent d'une véritable souffrance psychique qui va perturber l'équilibre familial.

Les parents ont souvent déjà tout tenté pour l'obliger à retourner à l'école : la douceur, la négociation et les menaces. Quand il ne doit pas aller à l'école, l'enfant se sent très bien, et il est très facile et coopérant. Il promet même de retourner à l'école, mais il n'y parvient pas et les agitations se présentent à nouveau. Le calme revient seulement quand il est assuré de rester chez lui. À la maison, il peut très bien travailler.

La peur se manifeste à travers :

- les crises d'angoisse ;
- les attaques de panique,
- les crises de larmes.

Les crises d'angoisse se reconnaissent par des réactions aussi bien psychologiques que physiques :

- des douleurs abdominales, des sueurs froides, le cœur qui bat de plus en plus vite, diarrhées, migraines, nausées, vomissements, etc.

- une maladie plus ancienne peut parfois s'aggraver (diabète, asthme, allergie, etc.).

- l'enfant a du mal à s'endormir.

- plus rarement, les réactions sont si violentes qu'elles entraînent des troubles cardiaques ou des évanouissements.

Parfois d'autres symptômes sont associés : autres troubles anxieux, autres phobies, manifestations obsessionnelles, état dépressif, somatisations multiples...

❑ ***Phobie scolaire : à l'école maternelle ou après ?***

En général, la phobie scolaire concerne les enfants qui entament un cycle scolaire. Il faut cependant être attentif, car même si c'est rare, elle peut aussi se manifester à l'entrée à la maternelle.

❑ *Quelles sont les causes ?*

Les raisons qui entraînent une phobie scolaire sont nombreuses. De plus, elles ne sont pas les mêmes selon les individus et leur histoire personnelle. Cependant, on retrouve assez fréquemment les mêmes causes :

✓ Un enfant qui présente une phobie scolaire a très souvent été « *couvé* » dès sa plus tendre enfance. Inconsciemment, il ne veut pas grandir et la séparation d'avec sa mère est vécue comme une menace à son intégrité. Il va dire continuellement qu'il ne veut pas aller à l'école et il va faire comprendre à sa mère, à travers divers symptômes, qu'il ne peut pas être séparé d'elle. Sans en avoir conscience, il mobilisera toute son attention.

✓ L'enfant exprime une peur de la mort. Il pense que sa mère peut être malade et que sa vie est menacée.

✓ Les enfants qui souffrent de troubles de l'apprentissage - la dyslexie, la dyscalculie, la dyspraxie – peuvent manifester une anxiété de performance. Si l'enseignant ne détecte pas ces problématiques, il risque de reprocher à l'enfant de ne pas faire d'effort et de ne pas se concentrer assez. L'enfant peut alors s'imaginer, à tort ou à raison, d'être maltraité et ressentir des craintes qui peuvent se transformer en angoisse.

✓ Des enfants qui souffrent d'hyperactivité, qui sont intellectuellement précoces ou particulièrement sensibles, peuvent sentir un décalage avec les autres enfants. Cette différence les bloque, et l'idée de retrouver le monde de l'école où ils ne se sentent pas bien finit par provoquer des angoisses.

✓ Les enfants peuvent être cruels entre eux et, souvent, ils se fixent peu de limites. Si une différence physique de poids, de couleur, d'origine devient la risée des autres élèves, la vie à l'école peut devenir très vite insupportable et une source d'angoisse...

✓ L'enfant a peur d'un professeur. Il craint son jugement parce que l'enseignant n'a pas confiance en lui ou il le met mal à l'aise.

❑ *Y a-t-il une constellation familiale particulière ?*

Oui, souvent les parents d'enfants qui souffrent d'une phobie scolaire présentent une constellation familiale avec des traits en commun. Les enfants sont souvent très dépendants de leur famille et ont des sentiments ambivalents accentués.

La mère est souvent anxieuse et très protectrice. Elle aime entretenir une relation de dépendance avec son enfant. Elle peut apparaître très indulgente alors qu'elle dissimule une rigidité. D'un côté, elle va inciter son enfant à s'éloigner d'elle en lui disant « va à l'école ». D'un autre côté, elle lui transmet une signification bien différente que l'enfant perçoit comme « Je ne supporterais pas que tu m'abandonnes ».

La personnalité du père d'un enfant souffrant de phobie scolaire présente aussi des traits en commun. Le père est souvent dans l'incapacité de tenir son rôle paternel à cause de ses absences (décès, divorce, éloignement géographique…). Dans d'autres cas, il est peu sécurisant parce qu'il souffre d'anxiété récurrente ou de comportements dépressifs.

❑ *Quelles sont les conséquences ?*

L'enfant se retire progressivement des activités de groupe et s'isole de plus en plus. Il va se rapprocher de sa mère de façon ambivalente et va s'enfermer dans le cocon familial. L'enfant devient plus exigeant, susceptible et agressif. De nombreuses crises de colère seront adressées à sa mère. Au fil du temps, des comportements tyranniques peuvent aussi se manifester. L'enfant réalise alors une forme d'emprise sur la vie familiale ou exerce une autorité sur un parent.

L'évolution de la phobie dépend de la structure psychopathologique sous-jacente et de la dynamique conflictuelle familiale. En général, 30 à 50 % des enfants ont une évolution favorable, 30 % ont une évolution marquée par la persistance de difficultés névrotiques et 20 à 30 % ont une évolution défavorable.

À long terme, la phobie scolaire peut avoir de graves conséquences :

- désocialisation ;
- déscolarisation totale ;

- dépression, conséquences sur l'avenir professionnel, etc.

❑ *Que faire en cas de phobie scolaire ? Comment y faire face ?*

Toute phobie scolaire doit faire l'objet d'une prise en charge par un psychologue. Mais voici quelques conseils utiles :

✓ *Prenez au sérieux le mal-être de votre enfant et encouragez-le à verbaliser ses peurs. Avant tout, il est important de comprendre que votre enfant ne simule pas ses symptômes et qu'il est en train de vivre une vraie souffrance psychique. Soyez surtout à l'écoute, sans le culpabiliser, et essayez de découvrir ce qui a pu provoquer ses peurs. Commencez par l'interroger, ou interrogez discrètement son entourage, sans lui donner l'impression de mener une enquête qui pourrait le mettre mal à l'aise.*

✓ La déscolarisation n'est pas une bonne solution. Si votre médecin vous la recommande dans un premier temps, il faut la considérer comme une solution d'urgence en attendant que votre enfant puisse reprendre l'école tout doucement. Faites en sorte qu'il puisse avoir les devoirs ou suivre des cours particuliers à la maison. Maintenir un lien avec l'école et avec les apprentissages est très important pour ne pas l'isoler davantage et lui interrompre sa scolarité.

✓ En fonction de l'anxiété que votre enfant ressent et de sa capacité à surmonter la peur, essayez d'aménager ses horaires en concertation avec le directeur et le médecin scolaire. Par exemple, votre enfant peut aller à l'école le matin ou trois heures pendant la journée.

✓ Prenez un rendez-vous avec le pédiatre ou le médecin généraliste qui devra l'examiner pour éliminer tout problème de santé. Par exemple, si votre enfant ne veut pas se rendre à l'école parce qu'il est trop fatigué, il faut d'abord chercher une cause organique.

✓ Sachez que plus la prise en charge se fait rapidement, plus l'évolution est positive. Il est indispensable de mettre en place un suivi avec un psychologue qui va aider votre enfant à se sentir moins angoissé face à l'idée d'aller à l'école. Comme nous avons déjà vu, sans une prise en charge, la phobie scolaire peut provoquer de graves conséquences.

La peur de la mort

L'enfant n'a pas conscience de la mort avant deux ans. Il va la découvrir progressivement. Au début, c'est surtout le monde des animaux qui le stimulent à prendre conscience de la mort. Les premiers « morts » qu'ils voient sont souvent des animaux. Quand un adulte écrase un insecte, l'enfant entend dire qu'il est mort. Si vous avez écrasé un insecte qui lui a fait peur, il va peut-être vous répéter plusieurs fois la question : « Il est mort maintenant ? »

Quand l'enfant écrasera un insecte, il dira aussi « maintenant il est mort », sans que cela l'inquiète parce qu'il pensera : « Ce qui est mort, c'est ce qui s'en va ou qui ne bouge plus ». Petit à petit, il va se rendre compte aussi que la viande qu'il mange était avant un animal vivant. Il y a aussi le monde des médias et des contes qui le stimulent à prendre conscience de la mort. À plusieurs reprises, il a l'occasion de voir, dans des livres ou à la télévision, des scènes qui montrent la mort d'êtres humains. Il retrouve la mort également dans les contes : les bons, les méchants, les fées et les princes meurent aussi. La mort est présente très tôt dans les jeux. Les enfants aiment bien s'amuser entre eux à jouer à celui qui tuera l'autre le premier pour faire rire et sans une méchante intention.

Dès l'âge de 2-3 ans, l'enfant peut réaliser qu'une personne de son entourage est morte. Mais jusqu'à 5-6 ans, il croit que la mort est réversible. Si, par exemple, vous annoncez à votre enfant la nouvelle de la disparition d'un proche, il va demander peut-être : « Il est mort, mais il revient quand ? » Vous ne devez donc pas vous inquiéter s'il ne pleure pas beaucoup quand il reçoit la nouvelle de la mort d'une personne de son entourage. Il va surtout manifester de la curiosité. Par exemple, il va vous demander : « Où elle est mamy, maintenant ? » Si vous lui dites qu'elle n'est plus là, il s'imagine peut-être qu'elle est partie autre part, mais qu'elle reviendra de nouveau. En observant la tristesse des parents quand un décès arrive, ils se rendent compte que la mort fait souffrir.

Cette idée de la mort comme réversible pousse l'enfant à mettre sa vie en danger sans crainte puisque, pou lui, la mort n'est qu'un état passager et que tout rentre après dans l'ordre.

Vers 5-6 ans, l'enfant s'aperçoit que le temps est irréversible : on grandit, on vieillit et on finit tous par mourir un jour. Il sait désormais qu'il y a un début et une fin. Il comprend que la mort est une fatalité à laquelle personne n'échappe. Maintenant, il sait qu'un jour il devra se séparer de ses grands-parents et de ses parents. Le questionnement concernant l'idée de la mort surgit et devient très actif. Les premiers questionnements existentiels apparaissent et la peur de la mort se fait jour. La mort, qui implique l'idée d'une séparation, suscite plusieurs peurs à l'enfant. Il a peur pour ses parents quand il n'est pas avec eux, peur pour lui-même, peur d'être abandonné et de se retrouver seul. Il se sent alors envahi par un sentiment de solitude. Il se rend compte aussi que ses parents ont du mal à aborder le sujet de la mort et à le rassurer.

La crise oedipienne accentue cette peur. En effet, l'enfant peut souhaiter la mort d'un de ses parents pour avoir l'autre pour lui seul. Ces violents désirs l'inquiètent et il se sent coupable de les éprouver. D'autant plus qu'il ne fait pas encore la différence entre souhait et réalité.

La peur de la mort peut manifester une certaine anxiété qui provoque des troubles comme des tics ou des difficultés dans le sommeil.

❑ *Comment parler de la mort avec mon enfant ?*

La mort est un argument qui intrigue l'enfant, comme la sexualité et la procréation. Il y réfléchit beaucoup et tôt ou tard, il vous posera quelques questions. Et quand elles surgissent, il est conseillé d'y répondre et de pouvoir en discuter. Si vous en faites un sujet tabou, votre enfant risque d'accentuer ses peurs liées à la mort. S'il y a eu un décès en famille, c'est très important d'en parler sinon l'enfant peut arriver jusqu'à se sentir responsable de cette mort. Soyez donc prêt à traiter ce difficile argument avec votre enfant et ne soyez pas superstitieux : évoquer la mort… ne la fait pas « venir » ! Certainement, ce n'est pas facile de parler de la mort en général et encore moins à votre enfant.

Mais voici quelques conseils qui pourront vous aider :

✓ *Lorsque votre enfant vous pose directement une question autour de la mort, essayer d'être franc et de répondre avec honnêteté et clarté en vous adaptant à sa sensibilité, son âge et sa maturité. Vous éviterez ainsi de créer du mystère autour de la mort.*

✓ *En faisant une promenade et en observant la nature, vous pouvez toucher le sujet en expliquant qu'à partir d'un certain âge, un animal, une fleur ou un être humain ne pourront plus respirer et mourront. Ajoutez aussi qu'ils peuvent mourir suite à un accident ou une maladie incurable. S'il vous demande ce qu'il se passe après la mort, c'est à vous de trouver les mots, les images qui correspondent à votre croyance religieuse, à votre philosophie ou à votre conception de la vie. Les parents croyants trouveront dans leur foi la manière d'expliquer la mort. Ils expliqueront qu'il existe une vie sur terre et, après la mort, il y a une autre vie qui nous attend. Les non-croyants trouveront dans le cycle de vie une autre manière de l'expliquer, etc.*

✓ *Lisez-lui des livres qui parlent de la mort. C'est un moyen simple et efficace pour l'instruire sur cet argument.*

✓ *La disparition d'un animal est toujours tragique pour un enfant. Il doit exprimer toute son angoisse et vous devez le soutenir dans sa tristesse. S'il veut l'enterrer, laissez le faire, cela l'aidera à accepter sa mort.*

✓ *Ne comparez surtout pas la mort avec le sommeil. Si vous lui dites que sa grand-mère s'est endormie pour toujours, pour lui dire qu'elle est morte, votre enfant aura beaucoup plus peur à présent de s'endormir. Il aurait peur de ne pas se réveiller le lendemain et de mourir lui aussi comme sa grand-mère. Ne lui dites pas non plus que sa grand-mère est partie*

« au ciel ». Votre enfant risque de regarder constamment le ciel !

✓ *Si une personne de son entourage meurt, n'empêchez pas votre enfant d'assister aux funérailles. Et n'hésitez pas à exprimer votre douleur. Il comprendra que cette épreuve est difficile et qu'avoir du chagrin est normal. Dites-lui que vous ne verrez plus cette personne, mais vous lui réservez une place dans votre cœur. À vous de trouver les mots, les images qui correspondent à votre croyance religieuse, à votre philosophie ou à votre conception de la vie : qu'il se trouve avec le Bon Dieu ou qu'il reste au cimetière...*

✓ *Si une personne très proche à votre enfant meurt, annoncez-lui ce décès avec douceur, avec des mots simples et prenez le temps d'en parler. Ne lui mentez pas, cela ne ferait qu'augmenter sa souffrance et le choc sera beaucoup plus violent quand il découvrira la vérité. Dites-lui qu'il pourra lui réserver une grande place dans son cœur et qu'il a le droit d'avoir un grand chagrin et qu'il n'y a pas de honte à le montrer. Acceptez de poser sur le cercueil un dessin de votre enfant. Donnez-lui une boîte, et permettez-lui de la décorer comme il veut. Ce sera sa boîte secrète dans laquelle il pourra y mettre des petits objets qui rappellent le défunt, des photos, des dessins, des mots de tristesse et d'amour.*

N'oubliez pas de le rassurer. Si votre enfant vous manifeste la peur de la mort, il a besoin d'entendre dire qu'il est rare pour les enfants de mourir. Serrez-le dans vos bras et dites-lui qu'il n'a pas à s'en faire et que vous serez ensemble pendant encore très longtemps.

Chapitre V

Les nuits...un peu agitées

Quel parent n'a pas vécu cette situation ?
L'enfant se réveille tout à coup au milieu de la
nuit en pleurant. Maman se réveille, accourt et
lui dit doucement : « Qu'est-ce qu'il y a mon
cœur ? Tu as fait un mauvais rêve. Ce n'est
pas grave. Rendors-toi ! Je suis là. »

Si cette désagréable situation se répète,
elle entraîne alors plusieurs questions pour le

parent. Pourquoi mon enfant fait-il des cauchemars ? Est-ce que c'est normal ? Est-ce de ma faute ? Comment puis-je aider mon enfant à ne plus faire des cauchemars ? Devrais-je réveiller mon enfant qui hurle de peur en dormant ? Mon enfant qui n'arrive pas à s'endormir facilement souffre-t-il d'un manque de sommeil qui aura plus tard une incidence sur son développement ou son comportement ? Nous allons répondre à ces questions, et, certainement, à d'autres.

❏ *De quoi se compose le sommeil ?*

Le sommeil se compose de quatre stades passant d'un sommeil léger à un sommeil très profond :

1 - <u>*L'endormissement.*</u> Nous sommes entre deux états, ni tout à fait éveillés, ni tout à fait endormis.

2 - <u>*Le sommeil léger.*</u> C'est une période composée de rêves flous, le sommeil est très léger et un

bruit brusque peut nous réveiller.

3 et 4 - *le sommeil profond*. Lors de ces stades, le sommeil est très profond, le pouls et la respiration sont lents et réguliers. Nous sommes généralement immobiles et réagissons très peu aux bruits ou à la lumière. Par contre, le tonus musculaire est conservé. Le sommeil paradoxal (ou de rêve) est caractérisé par une activité mentale rapide et intense et un pouls rapide. On peut remarquer le mouvement rapide des yeux sous les paupières closes. Dans cette période, il y a une perte du tonus musculaire. C'est une période de paralysie transitoire qui disparaît à notre éveil. C'est d'ailleurs ce qui nous empêche de réagir physiquement pendant nos rêves.

❑ ***Les troubles du sommeil auront plus tard une incidence sur le développement ou le comportement ?***

Le sommeil joue un rôle important dans le développement. Un enfant qui se réveille souvent pendant la nuit peut avoir quelques soucis pendant la journée. Des études sur des enfants d'âge scolaire montrent que l'interruption du sommeil pendant la nuit peut donner lieu à des problèmes d'irritabilité, d'hyperactivité et d'attention chez l'enfant. Ajoutez à ces inconvénients, le stress et les tensions entre les parents et les disputes qui s'ensuivent. Il faut donc prendre au sérieux les peurs qui s'installent avant et pendant le sommeil.

□ ***Votre enfant a du mal à s'endormir***

Tous les soirs, votre enfant vous répète inlassablement le même scénario : il vous supplie de ne pas aller se coucher, il traîne, il veut rester avec vous sur le divan et regarder aussi la télé. Vous vous impatientez, vous lui rappelez d'aller se brosser les dents parce

qu'il doit aller se coucher, mais il fait semblant de ne pas vous entendre...

Votre enfant ressent le besoin de tester vos limites, il ne veut pas se détacher de la vie familiale et voit le dodo comme une perte de temps...

Ainsi, il redoute la séparation et l'inactivité ! Quand vous l'avez finalement mis au lit, votre enfant exige que vous lui racontiez une petite histoire. Terminée la lecture, vous lui dites : « Maintenant que j'ai terminé de te lire la petite histoire, tu vas faire dodo... » Il n'en est pas question, votre enfant se lève, il vous dit qu'il ne veut pas dormir et veut que vous restiez pour lui faire compagnie. Ce petit manège risque de se prolonger... à tel point que vous risquez de perdre la patience.

L'heure du coucher se transforme ainsi en un véritable cauchemar !

Ne vous dites pas que votre enfant est une exception. C'est normal, à partir de deux ans, tous les enfants n'acceptent plus facilement d'être mis au lit. Ils ont besoin d'être rassurés, de suivre plusieurs rituels avant de s'endormir. Tout cela demande du temps, ça peut durer jusqu'à trente minutes. Sachez que tous ces rituels le protègent de la peur. Mais ne laissez pas votre enfant établir trop de rituels. Dites-le-lui fermement que ça suffit lorsque vous considérez que son manège devient excessif. Mais, heureusement, quand votre enfant aura satisfait tous ses petits rituels, il s'apaisera et dormira tranquillement jusqu'au matin.

Il est possible que votre enfant ne trouve pas le sommeil une fois couché. Il a peut-être besoin de peu de sommeil ou vous le couchez trop tôt. Pour y remédier, essayez de trouver son rythme et l'heure à laquelle les signes de fatigue arrivent, et apprenez-lui à les reconnaître. Aussi, au moment du coucher, sécurisez votre enfant avec des câlins et un moment de paroles et d'échange afin qu'il puisse évacuer ses soucis de la journée.

Mais pour la plupart des enfants, ce sont les peurs qui retardent le sommeil :

- ❖ la peur du noir ;
- ❖ la peur des monstres, la peur que quelqu'un s'introduit dans la maison ;
- ❖ la peur de la solitude, d'être abandonné. Au fur et à mesure que l'enfant grandit, le sommeil prend un nouveau sens : il faut se séparer des parents. Ne vous inquiétez donc pas, si votre enfant se lève de son lit et accourt vers le salon où vous êtes en train de regarder la télé : il veut tout simplement se rassurer que vous soyez encore là !

❑ *La peur du noir et des monstres*

En grandissant, l'enfant est de plus en plus conscient de son environnement et différentes peurs apparaissent. Comme nous avons vu au deuxième chapitre, chaque période à ses peurs.

Vers deux ans, c'est surtout la peur de séparation qui rend l'absence de lumière désagréable. Quand, après lui avoir donné un bisou, vous éteignez la lumière, votre visage qui rassure et réconforte disparaît. Et l'absence de lumière ne lui permet plus de vérifier si vous êtes encore là et que vous ne l'avez pas abandonné. Ajoutez à cette peur, le fait que l'enfant ne voit pas non plus ce dont il est entouré.

Vers 3 ans, lorsque l'enfant commence à avoir particulièrement peur des gros animaux (chiens, chats, loups, serpents, etc.), la peur du loup apparaît. Ainsi, juste après son coucher, votre enfant vous rappelle, avec le visage pâle  et terrifié, parce qu'il voit derrière l'armoire un loup qui va bondir d'un moment à l'autre sur son lit…

<u>*Vers 4 ans,*</u> la peur du noir s'alimente de la peur des personnages fantastiques (monstres, fantômes, géants, ogres, sorcières, etc.). Cette fois-ci, juste après son coucher, votre enfant vous rappelle, avec le visage pâle et terrifié, parce qu'il voit un monstre sur le mur qui veut s'en prendre à lui. Une autre fois, il voit une sorcière qui le quête. Un autre soir, il perçoit des gnomes. De votre côté, vous allez tout simplement découvrir que le monstre sur le mur était un reflet d'un meuble, la sorcière était un peignoir accroché à la porte, les gnomes étaient des petites voitures… À cette période, l'imagination fonctionne en plein régime, tout objet peut se transformer en un monstre, fantômes, géant, ogre, sorcière, etc.…

❑ Comment dois-je réagir ?

Un enfant a peur du noir.
Il s'adresse à sa tante qui est
dans la pièce à côté :

Parle-moi car j'ai peur.
La tante répond :
à quoi cela te servirait-
il, puisque tu ne vois
pas ?
Alors l'enfant dit :
il fait plus clair lorsque
quelqu'un parle.

Freud

✓ Entourez-le de calme et prévenez-le qu'il va
bientôt être l'heure de se coucher. L'enfant doit
être rassuré, tranquillisé.

✓ S'il y a un bruit qui le dérange, expliquez-lui
l'origine de ce bruit peu rassurant.

✓ Montrez-lui que les plus grands dorment aussi
dans l'obscurité.

✓ Proposez-lui une promenade dans la maison et demandez-lui, sous forme de jeu, de reconnaître les objets de sa chambre, en les touchant.

✓ N'éteignez pas la lumière rapidement si votre enfant est encore dans un état de tension.

✓ Si la peur du noir persiste, prenez au sérieux sa peur. Il convient en effet de respecter les peurs des enfants afin de les aider à les combattre et à grandir. Vérifiez avec lui qu'il n'y a rien mais évitez cependant de rentrer dans son jeu. Dites-lui que vous êtes à côté et que vous veillez sur lui.

✓ Demandez-lui de décrire, comme nous avons déjà dit, le plus précisément possible les raisons de sa peur du noir : « De quoi as-tu peur ? De te perdre ? De l'apparition du loup, d'un monstre ? » Une fois la nature de la peur mieux identifiée, dites-lui que vous et lui allez faire le nécessaire pour faire disparaître sa peur. Le dialogue avec l'enfant est important.

❑ *Que puis-je faire ?*

✓ *Installez une veilleuse ou proposez-lui une lampe de poche. L'important consiste à lui donner le contrôle de la lumière : c'est lui qui pourra allumer en cas de besoin. Cela peut déjà suffire à le rassurer, sans avoir besoin d'utiliser la lampe.*

✓ *Laissez-lui la porte entrouverte et de la lumière dans le couloir, si cela peut rassurer un peu plus votre enfant. Mais attention, ne faites pas trop de concessions, sinon vous risquez d'entrer dans une surenchère. Il va vous demandez une lumière, puis deux, la lumière dans le couloir, la porte grande ouverte, etc. Si vous lui accordez ce qu'il demande, vous déplacerez le problème, sans le régler.*

✓ *Posez des sticks fluorescents sur les points stratégiques — par exemple, sur la poignée de la porte et l'interrupteur - pour l'aider à se repérer. Vous pouvez aussi créer un petit chemin par terre ou sur le mur jusqu'à la porte. Avant de le coucher, proposez-lui de tester ce parcours avec la lumière éteinte. De cette manière, vous lui faites ainsi apprivoiser l'obscurité.*

✓ *Achetez des petites étoiles phosphorescentes laissant percevoir la nuit comme une amie magique plutôt que comme une ennemie...*

❏ **Votre enfant vient dans votre lit**

Votre enfant vous appelle, en larmes, sort de son lit et vous rejoint dans le vôtre. Il a fait un cauchemar et a besoin d'un câlin.

Vous êtes fatiguée, certainement attendrie... vous vous dites : « Pourquoi ne pas le garder dans notre lit ». Ne cédez pas ! Remettez-le dans son lit, restez près de lui, consolez-le... et retournez vous recoucher sans lui. Vous l'aidez ainsi à se structurer et à connaître les limites entre son territoire et le vôtre.

Souvenez-vous qu'il est facile de créer rapidement une mauvaise habitude en acceptant que l'enfant vienne dormir dans votre lit. Il est possible que par la suite, chaque fois qu'il se réveillera dans la nuit, peu importe la raison, il veuille vous rejoindre dans votre lit. Il prendra goût à votre présence pendant la nuit. Il peut même se mettre à s'éveiller après chaque cycle de sommeil. Et voilà que ce qui était au début un cauchemar pourrait se transformer en trouble du sommeil.

Soyez surtout vigilant pendant la période oedipienne. Vers 3-4 ans, l'enfant cherche à établir une relation privilégiée avec l'autre sexe. La maman peut s'entendre dire : « Plus tard, je me marierai avec toi ! » Les petits garçons sont amoureux de leur maman et rêvent de l'épouser et d'évincer leur père. On retrouve le même scénario pour les petites filles et leur papa. Normalement, à six ans, tout revient dans l'ordre. À cette période, l'enfant aime bien déranger l'intimité de votre couple et se rapprocher ainsi du parent de sexe opposé (son père ou sa mère). Si les parents sont trop laxistes, l'enfant risque de passer du fantasme au réel. Il est essentiel pour son équilibre que l'interdit de l'inceste soit clairement perçu. Votre enfant a alors besoin de repère et limite clairs ; qu'il comprenne que votre lit n'est pas le sien et que, symboliquement, il ne doit pas prendre la place du papa. Souvenez-vous que laisser dormir votre enfant dans votre lit risque d'entraîner des troubles chroniques du sommeil. Et dites-vous aussi que vous lui rendez service plus tard. Si votre couple ne va pas bien, évitez que le père dorme dans le salon ou que le parent privilégie la relation avec l'enfant parce qu'un sentiment de toute-puissance peut s'installer.

❑ *Que dois-je faire ?*

Auparavant, les psychologues conseillaient aux parents de raccompagner systématiquement l'enfant dans son lit. Aujourd'hui, nous sommes plutôt de l'avis que si cette attitude ne devient pas une véritable habitude, si vous n'en souffrez pas en tant que parents, vous pouvez accueillir de temps en temps votre enfant dans le lit conjugal. Mais sachez que votre rôle est de l'aider à dormir seul dans son lit.

Voici quelques conseils :

✓ *Décidez avec votre conjoint les étapes qui conduiront votre enfant à dormir dans son lit.*

✓ *Si vous décidez de ne pas l'accueillir dans votre lit, accompagnez-le alors en douceur dans son lit (même s'il pleure).*

✓ *Laissez-lui un objet qui le rapprochera de vous (votre oreiller par exemple).*

✓ *Dites-lui que chacun doit avoir son espace et expliquez-lui que si ses parents dorment ensemble c'est parce qu'ils sont mariés, et que, quand il sera grand et il sera marié, il dormira aussi avec son épouse.*

✓ *N'oubliez pas de l'encourager : « Je sais que tu es capable, j'ai confiance en toi ».*

✓ *Fournissez-lui des moyens de surmonter ses craintes.*

❑ Est-ce que le rêve a un sens ?

« Les rêves « produits » chaque nuit, tout au long d'une existence, sont à entendre parmi les langages les plus riches. Les rêves sont l'équivalent de langages codés que nous utilisons à l'égard de nous-mêmes pour accéder à une vérité difficilement recevable autrement[11] ».

J. Salomé

Qui ne saurait pas dire ce que veut dire le rêve suivant ? Une personne se trouve dans un dessert et s'endort, et elle rêve d'être sur une terrasse d'un bar en face d'une piscine et un serveur vient lui servir un grand verre de

---

[11] Salomé J., Papa, Maman, écoutez-moi vraiment. Pour comprendre les différents langages de l'enfant. Albin Michel, Paris, 1989, p.163.

limonade avec des glaçons. C'est une journée très ensoleillée, les rayons du soleil le dérangent…Il se réveille ! Ce rêve, comme tous les rêves, a un sens qui est le suivant : je réalise mon souhait de boire. Le rêve est l'accomplissement d'un souhait, d'un désir qui n'a pas pu être réalisé. Mais Freud disait aussi que le contenu du souhait est presque toujours caché. Les rêves des tout-petits sont une exception. À partir de deux ans jusqu'à quatre ans, les enfants racontent souvent des rêves qui reflètent un désir frustré de la journée qui n'est pas caché. Votre enfant pourra, par exemple, rêver de manger une glace au chocolat parce que pendant la journée vous lui avait refusé une glace au chocolat. À partir de quatre ans, les rêves s'enrichissent et se compliquent, et leurs sens deviennent de plus en plus difficiles à comprendre.

Mais il y a aussi des rêves qui se présentent différemment. Pendant la journée nous vivons des moments difficiles et il y a des situations qui nous suscitent de la peur. Notre souhait serait alors de ne pas ressentir cette peur. Pendant la nuit, nous voudrions réaliser ce souhait. Comme d'habitude, nous mettons en images et en émotions dans le rêve la situation désagréable de la journée pour réaliser notre souhait de ne pas ressentir la peur. Mais voilà qu'il y a un petit imprévu, la peur surgit quand même. Ce type de rêve s'appelle un cauchemar. Mais pourquoi notre rêve n'a-t-il pas réussi à réaliser ce souhait ? Tout simplement parce que cette peur cache un problème que vous n'avez pas encore résolu.

❑ **Les cauchemars**

« Monstres sous le lit, voleurs entrés par la fenêtre, fantômes qui prennent une forme humaine, sorcière à ballet... »

Votre enfant sursaute en pleine nuit et pleure à chaudes larmes. Vous allez vers lui et vous demandez ce qui se passe. Il vous raconte des faits irréels que vous avez du mal à comprendre. Votre enfant a eu un cauchemar. Mais ne vous inquiétez pas, tous les enfants font des cauchemars, c'est normal. Une enfant qui fait un cauchemar se réveille souvent mal à l'aise, il a le cœur qui bat vite, il transpire, il est apeuré et désorienté.

Si les rêves protègent toutes nos nuits et nous font agréablement dormir, en revanche les cauchemars rendent le sommeil plus agité, angoissant et peu réparateur. Le cauchemar est un rêve désagréable qui provoque de la peur et de l'angoisse. Comme tout rêve, le cauchemar survient généralement à la fin de la nuit, lorsque le cycle de sommeil profond s'achève. Il s'agit de la phase paradoxale du dormeur. Les cauchemars sont plus marquants aux petites heures du matin. Généralement, l'enfant se souvient des cauchemars. Ils sont composés et racontent une histoire généralement incohérente, mais qui reste toujours une histoire, que l'enfant voudra vous raconter, si l'âge le lui permet. La frayeur de l'enfant peut être très intense. Les petits racontent souvent qu'ils rêvaient qu'ils étaient en danger.

Les cauchemars perturbent environ 5 à 10 % du sommeil des enfants de tout âge. Les cauchemars se produisent plus fréquemment entre deux ans et six ans et ils s'estompent généralement vers cinq ans pour revenir vers dix ans. Il disparaît ensuite complètement.

❑ *D'où viennent les cauchemars ?*

Le terme cauchemar vient de « quauquemaire », issu du terme « cauquer » qui signifie « fouler » et du néerlandais « mare » qui signifie « fantôme ». Il traduit une angoisse, une peur récente, un dysfonctionnement et met en scène, dans la majorité des cas, un événement de la veille. Cela peut aussi relater des souvenirs plus lointains. Les enfants sont confrontés à un monde qu'ils ne connaissent pas et leur inconscient fait ressortir les découvertes de la journée qui peuvent être effrayantes. Ils ne sont pas encore en âge de mettre des mots sur leurs frayeurs et ont des difficultés à exprimer leurs ressentis. Mais, au fil du temps, leur langage se structure, les enfants parviennent à expliquer leurs émotions et sensations, à résoudre leurs conflits psychiques et font de moins en moins de cauchemars.

En règle générale, tout ce qui dérange un enfant peut l'amener à faire des cauchemars pendant son sommeil. Voici une série d'exemples.

❖ *Vers 2 ans*, les enfants craignent surtout que leur maman ou leur papa les abandonne. Le cauchemar est donc principalement lié à la séparation d'avec la mère, comme elle le fait, par exemple, le matin en le déposant à la crèche.

❖ *Vers 3 ans*, ce sont les monstres, les animaux, fantômes, dragons ou autres créatures qui alimentent les cauchemars.

❖ *Vers 3-4 ans,* les peurs nocturnes sont souvent liées aux problématiques de la période oedipienne. Comme nous avons déjà vu, durant cette période, le petit enfant désire se marier avec le parent de sexe opposé et éliminer le parent de même sexe. Il mène alors un combat intérieur pour réprimer ses pulsions destructrices à l'égard du parent de sexe opposé. Ce combat entraîne inévitablement un fort sentiment de culpabilité. Pendant la nuit, le rêve met en images et en émotions cette agressivité et ce sentiment de culpabilité qui trouvent leur expression symbolique dans l'apparition fantasmatique de monstres de la nuit ! Autrement dit, l'enfant transforme sa propre agressivité… en monstres qui s'en prennent à lui.

❖ Les conflits avec les frères et sœurs ou avec leurs parents alimentent aussi les cauchemars. Le mauvais rêve peut faire ressortir, par exemple, un mal-être de l'enfant face à l'arrivée d'un petit frère ou d'une petite sœur qu'il n'accepte pas.

❖ Des événements de la vie de tous les jours peuvent susciter ces rêves pénibles, comme des ennuis avec des camarades de jeu, le fait d'assister à une dispute entre les parents ou de voir un film télévisé effrayant…

❖ Les séparations difficiles alimentent aussi les cauchemars : l'entrée à l'école maternelle, quand l'enfant commence à aller à la garderie, la rentrée scolaire, etc.

❑ *Dois-je me préoccuper ?*

Les cauchemars chez les enfants sont un phénomène normal. Comme les rêves, les cauchemars participent au développement psychologique de l'enfant en mettant en scène ses peurs, ses désirs ou ses fantasmes. Le sommeil de votre enfant est parfois perturbé par des événements, mais ces épisodes sont souvent transitoires et liés à son développement psychologique.

 Si les cauchemars deviennent trop fréquents et perturbent le sommeil de votre enfant, vous devez vous inquiéter.

Les cauchemars sont une forme particulière des rêves, ils laissent apparaître des craintes profondes et ne doivent pas être négligés. Si les cauchemars de votre enfant ont tendance à recommencer très souvent, s'ils se produisent plusieurs fois par semaine sans aucun signe d'apaisement ou de ralentissement, la consultation d'un psychologue est nécessaire, car les cauchemars peuvent être la partie émergente d'un problème plus important.

❑ *Que faire pour apaiser votre enfant ?*

Voici quelques conseils utiles :

✓ *En aucun cas, vous ne devez paniquer en venant de votre chambre à la sienne.*

✓ *Rassurez votre enfant, essayez de le consoler en parlant doucement. Allumez une lumière très douce, prenez-le dans vos bras et bercez-le* doucement. Laissez-le s'apaiser lentement avant de le recoucher.

✓ Étant fort angoissé, il se peut qu'il ne veuille plus retourner dans son lit de crainte d'y retrouver son fantôme. Prenez le temps qu'il faudra pour l'aider à se calmer et à se rendormir dans son lit. Dites-lui que tous les enfants font des cauchemars. Expliquez-lui qu'il s'agit d'un « mauvais rêve ». Demandez-lui de vous le raconter pour lui faire verbaliser ses angoisses. N'essayez pas de comprendre ce qu'il raconte, car il pourrait encore se perdre dans les explications.

✓ Avant de vous recoucher, assurez-vous que votre enfant soit bien en sécurité dans son lit et dorme dans les meilleures conditions (température, sonorité, décoration, etc.). Montrez-lui que vous avez bien tout vérifié et qu'il n'y a rien à craindre dans sa chambre.

✓ Pour les enfants à peine plus âgés, Françoise Dolto prescrivait trois moyens pour les apaiser :

I. Une petite lampe à proximité du lit de l'enfant pour reprendre contact avec la réalité.

II. Un verre d'eau pour retrouver le contact avec soi-même.

III. Un bloc de feuilles à dessiner et des crayons pour évacuer l'angoissante.

❑ *Que dois-je faire le jour après ?*

Pour éviter que les cauchemars recommencent, suivez quelques conseils :

✓ *Au petit-déjeuner, ne montrez pas votre inquiétude à votre enfant parce qu'il a fait un cauchemar. Rassurez-vous car, comme nous avons déjà vu, les cauchemars font partie de l'évolution normale de l'enfant et lui permettent même de mieux canaliser ses angoisses et ses pulsions.*

✓ *Ne minimisez pas ses peurs. Ne lui dites pas « Ce n'est rien » ou « Ce n'est pas réel » parce vous lui montreriez ne pas prendre au sérieux ses angoisses.*

✓ Au petit-déjeuner, n'hésitez pas à parler avec votre enfant de son cauchemar.

✓ Si votre enfant a moins de deux ans, vous pouvez lui dire doucement et simplement que cette nuit il a fait un « mauvais rêve », que vous êtes là, que tout va bien et qu'il ne risque rien.

✓ Si votre enfant est plus grand, laissez-le parler du cauchemar. Si vous n'avez pas pu comprendre un mot de ce qu'il disait pendant sa nuit de cauchemar, c'est le moment pour le pousser à vous décrire les choses « horribles » qui lui ont fait peur. Si l'objet de ses cauchemars est abstrait, demandez- lui de mettre un visage à cette horreur en dessinant : comment s'est-il déroulé dans sa tête, avec un début, un milieu et une fin . Ensuite, mettez en place un échange verbal. Il se peut que vous découvriez l'origine du cauchemar. S'il s'agit d'une angoisse liée à un changement dans sa vie, il faut lui expliquer ce qui va être modifié mais que pour lui, en ce qui concerne vos sentiments, rien ne va changer. Attention, il ne s'agit pas d'analyser le rêve de votre enfant, mais de l'écouter et de lui permettre de faire des associations et d'en dire plus.

✓ Le dessin est un excellent moyen pour l'enfant d'exorciser ses peurs, et pour les parents d'expliquer que tout cela n'a pas d'existence dans la réalité. Vous pouvez aussi, une fois qu'il a terminé son dessin, l'inviter à écraser le papier ou à le déchirer. C'est une manière de matérialiser ses terreurs et de l'aider à les combattre, car tout se passe dans son imagination.

✓ Vous pouvez aussi lui proposer de mettre en scène avec lui, de façon simple, son rêve, d'en faire un jeu et d'en rire.

❑ *Comment prévenir les cauchemars ?*

✓ *Intégrez des histoires et des chansons douces dans la routine du coucher. N'hésitez pas à lui raconter les histoires de méchantes sorcières. Comme nous avons déjà dit : « Lisez un conte chaque soir avant que votre enfant s'endorme... effrayez-le avec ces histoires... et n'ayez aucune crainte, car elles soigneront les peurs de votre enfant ».*

✓ *Si votre enfant a peur des monstres, essayez de lui parler pour l'aider à résoudre ce problème. Inspectez le dessous de son lit et son placard avec lui pour le convaincre qu'aucun monstre n'y est caché. (Voir page 73).*

✓ *Laissez une veilleuse allumée et la porte de sa chambre ouverte pendant qu'il dort, s'il le souhaite.*

✓ *Dites-lui toujours que vous êtes tout près de sa chambre et que vous veillerez à sa sécurité toute la nuit.*

Voici les trois règles à retenir pour combattre les cauchemars

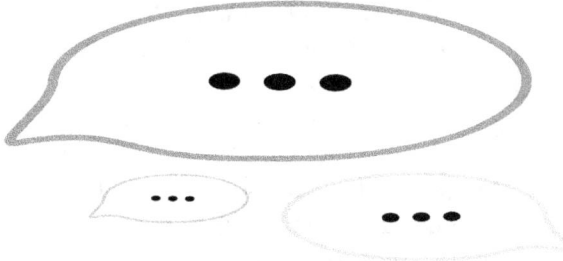

Règle numéro 1 : Ne pas paniquer

Règle numéro 2 : Calmer et rassurer

Règle numéro 3 : Parler du cauchemar

❑ *Les terreurs nocturnes*

> « *L'enfant s'assied dans son lit (certains se lèvent), hurle, s'agite, garde les yeux ouverts, présente un visage marqué par l'effroi... mais il dort ! C'est ce qu'on appelle une terreur nocturne.* »

Les terreurs nocturnes se manifestent souvent en début de nuit et génèrent une grande agitation. Une terreur nocturne est très impressionnante. Il y a des manifestations intenses de peur : l'enfant se redresse sur son lit, il crie, il pleure, il appelle au secours, il se débat et ses yeux fixent le vide. Il y a aussi des réactions physiologiques : son cœur bat rapidement, la respiration s'accélère et il est en sueurs. Il semble impossible de le calmer. Et pourtant, malgré toutes ces manifestations, votre enfant continue à dormir profondément. En fait, il n'est pas réveillé. Même si l'enfant se met à pleurer durant la phase de sommeil profond, il est encore endormi. Le lendemain, il n'a aucun souvenir de l'épisode.

Les terreurs nocturnes se présentent après quatre ans. Entre trois ou quatre ans et jusqu'à six ans, elles sont plus fréquentes. Elles peuvent débuter vers 5 – 6 mois, être présentes à l'adolescence, mais rarement chez l'adulte.

Dans le cas de la terreur nocturne, l'enfant est très agité au cours des premières heures de sa nuit pendant le sommeil profond.

❑ *D'où viennent les terreurs nocturnes ?*

Les raisons que nous avons évoquées pour les cauchemars sont aussi valables pour les terreurs nocturnes. Cependant, les terreurs nocturnes peuvent être parfois associées à des causes plus physiques comme la croissance, la digestion, la maladie, etc. Elles peuvent aussi survenir lorsque l'enfant ne fait plus de sieste dans la journée, il a alors du mal à s'adapter à son nouveau rythme.

❑ *Dois-je m'inquiéter ?*

Les terreurs nocturnes ne doivent pas vous inquiéter. Elles ne présentent aucun danger pour l'enfant, et disparaissent progressivement.

Essayer toujours de parler avec votre enfant pour essayer de comprendre ce qui le perturbe. Lorsque le problème est découvert, les terreurs nocturnes peuvent cesser spontanément. En revanche, si vous ne parvenez pas à trouver la cause de ses angoisses et les terreurs nocturnes sont très fréquentes et persistantes, le pédiatre ou un psychologue pourront aider votre enfant à comprendre ce qui le dérange et à surmonter ses peurs.

❑ *Comment dois-je réagir face aux terreurs nocturnes ?*
Comment rassurer mon enfant après une terreur nocturne ?

Malgré les manifestations impressionnantes d'une terreur nocturne, vous ne devez pas réveiller votre enfant parce qu'il n'a pas conscience de ce qui se passe autour de lui et il risquerait de se sentir désorienté. Lorsqu'on le réveille, l'enfant se sent perdu, il est confus et il ne comprend pas ce qui lui arrive. Vous risquez ainsi d'augmenter son angoisse. Vous risquez aussi d'augmenter et de prolonger ses terreurs nocturnes.

Voici quelques conseils :

✓ *Restez auprès de lui pour l'apaiser. Vous pouvez le caresser délicatement, et lui parlez lentement et calmement. Mais veillez à ne pas le réveiller ! Attendez que l'enfant se calme et vous pourrez alors le remettre au lit dans une position confortable. Il va reprendre son cycle de sommeil normalement. Contrôler aussi les risques d'accident.*

✓ *Le lendemain, ne lui demandez pas ce qui s'est passé ni s'il en a gardé un souvenir. Vous risquez de l'inquiéter inutilement, car il l'ignore. Vous pouvez faire une exception à cette règle seulement si l'enfant s'est réveillé pendant sa terreur nocturne. Vous pouvez lui dire simplement que cette nuit il a fait un « mauvais rêve », que vous êtes là, que tout va bien et qu'il ne risque rien.*

✓ *Il est conseillé de rétablir les siestes dans la journée, même si elles sont courtes, elles permettront à l'enfant de s'adapter en douceur à un rythme plus soutenu.*

❑ *Terreurs nocturnes et cauchemars : quelles différences ?*

Vous ne devez pas confondre les terreurs nocturnes avec les cauchemars. Certainement, dans les deux cas, l'enfant peut pleurer, crier ou lutter contre l'objet de sa terreur. Mais, il y a plusieurs aspects qui différencient ces deux phénomènes nocturnes. Les voici :

Les terreurs nocturnes	**Les cauchemars**
L'enfant ne peut pas être consolé	L'enfant doit être consolé
Le lendemain, l'enfant ne se souvient de rien	Le lendemain, l'enfant peut se souvenir du rêve
L'enfant ne se réveille pas	Le cauchemar réveille l'enfant
Elles se produisent en phase de sommeil profond	Ils se produisent en cours du sommeil paradoxal

*Un réveil soudain lors d'une terreur
nocturne peut provoquer une
confusion mentale.
Les terreurs nocturnes exigent des
parents une réaction adaptée et
différente de celle recommandée dans
la prise en charge des cauchemars
classiques.*

Bonnes habitudes de sommeil

« N'oubliez pas que c'est plus facile de donner une bonne habitude que d'essayer d'en éliminer une mauvaise ».

La chambre à coucher de votre enfant devrait fournir un environnement de sommeil sûr, sans danger et calme. Votre enfant devrait disposer d'un espace adapté et confortable, quel que soit l'endroit où il dort. La chambre à coucher doit être confortable (ni trop chaude ni trop froide), calme et sombre. Si la chambre est trop sombre, utilisez une veilleuse qui doit rester allumée pendant toute la nuit. Mettez des rideaux opaques si la lumière des lampadaires de la rue ou celle du soleil matinal éclaire la chambre. Il est important aussi de restreindre au minimum les bruits qui peuvent perturber le sommeil de votre enfant. Donnez à votre enfant aussi de bonnes habitudes de sommeil qui lui permettront de s'endormir plus facilement.

Voici quelques bonnes habitudes de sommeil.

Pour les bébés

Voici quelques habitudes qui aideront votre bébé à s'endormir rapidement :

✓ *Gardez-le près de vous, au moment de la sieste.*

✓ *Faites-lui écouter de la musique classique.*

✓ Choisissez-lui un jouet pour dormir ou son doudou.

✓ Apprenez-lui à se consoler tout seul.

✓ Utilisez toujours les mêmes mots pour lui souhaiter bonne nuit.

✓ Au lieu de nourrir ou d'allaiter un nourrisson jusqu'à ce qu'il s'endorme, les parents devraient, après ses premiers mois de vie, cesser de nourrir leur bébé lorsqu'il est somnolent et qu'il n'a pas faim. Il est possible de mettre au lit un bébé éveillé qui a plus de six mois. Dans ce cas, les parents s'éloigneront graduellement de son lit pour que le bébé s'habitue à s'endormir seul. Lorsqu'un nourrisson se réveille la nuit, ses parents peuvent l'aider à apprendre la différence entre le jour et la nuit en réduisant la lumière le soir et en l'augmentant le matin. Un nourrisson de six mois en bonne santé peut être sevré la nuit. Des recherches ont montré que, quel que soit l'âge de l'enfant, un coucher tardif et la présence d'un parent lorsque l'enfant s'endort forment l'association la plus négative.

Pour les enfants

✓ Mettez en place une routine, des points de repère et des habitudes. Votre enfant a besoin d'un rituel qui le prépare à passer une bonne nuit : berceuses, câlins, massages, histoires, etc. Votre enfant se détendra et s'abandonnera au sommeil plus facilement.

✓ Évitez de gronder votre enfant juste avant de le coucher. Au moment de s'endormir, un enfant a besoin de se sentir aimé et protégé.

✓ Pour rassurer votre enfant, vous pouvez laisser une lampe allumée et la porte entrouverte. À partir d'un certain âge, les enfants aiment bien s'endormir avec un ou deux objets qu'ils ont choisis.

✓ Habituez votre enfant à s'endormir seul. Un animal de peluche ou son doudou pourront parfois l'aider.

✓ *Donnez-lui un verre de lait qui constitue une saine habitude avant d'aller dormir, car le lait a un acide aminé qui est un précurseur d'une hormone du sommeil.*

✓ *Évitez les repas trop lourds ou trop tardifs qui, en activant la digestion, peuvent provoquer des terreurs nocturnes. Cependant, une collation légère contenant des glucides (par exemple, du fromage et des crackers, ou un fruit) peut aider votre enfant à s'endormir plus facilement.*

✓ *Utilisez toujours la même formule de bonne nuit. Soyez doux, mais clair dans le message formulé, par exemple : « Bonne nuit mon cœur, fais de beaux rêves et à demain matin ».*

✓ *Il est aussi très important de coucher votre enfant à des heures régulières. Réveillez-le aussi à des heures régulières. Dans la mesure du possible, essayez de conserver les mêmes horaires de coucher et de réveil tous les jours de la semaine.*

✓ Encouragez votre enfant à faire des activités pendant la journée. Elles l'aideront à s'endormir plus facilement. Mais attention, les effets de l'exercice physique peuvent être positifs ou négatifs selon leur proximité ou non avec l'heure du coucher. L'heure idéale pour faire de l'exercice est tôt dans la journée. Il est préférable d'arrêter les exercices ou les autres activités très stimulantes deux ou trois heures avant l'heure du coucher.

✓ La caféine est un stimulant qui peut garder votre enfant éveillé pendant la nuit. Faites donc attention aux aliments ou boissons contenant de la caféine : par exemple, le chocolat, le café, le thé, les produits à base de coca-cola, etc. Sachez que les effets de ce stimulant s'exercent pendant trois heures et parfois jusqu'à douze heures. Certains enfants dorment mieux si ces produits sont supprimés de leur régime alimentaire. D'autres enfants peuvent tolérer de la caféine dans leur alimentation, mais leur sommeil sera meilleur s'ils évitent d'en consommer quelques heures avant de se coucher.

✓ Attention. Si votre enfant ne vous a pas vus de la journée, ne lui imposez pas de vous quitter pour le mettre au lit dès qu'il vous voit. Dans ce cas, ne soyez pas trop rigoureux sur l'heure du coucher. Racontez-lui tendrement une histoire pour qu'il tire un bénéfice de votre présence. Il acceptera mieux alors la séparation et il s'endormira plus facilement.

✓ Souvenez-vous que tout ce qui est différent des habitudes avant le sommeil de l'enfant peut modifier sa qualité.

Chapitre VI

Conseils pratiques

Ce livre a mis essentiellement l'accent sur deux aspects. Premièrement, on ne peut pas éviter les peurs à un enfant. Deuxièmement, on peut l'aider à surmonter ses différentes peurs. Nous consacrons ce dernier chapitre aux conseils pratiques pour achever ce deuxième aspect.

L'amour et la compréhension sont deux dimensions relationnelles qui doivent être mises en tête des conseils pour aider votre enfant à surmonter la plupart de ses peurs qui jalonnent son développement psychique.

Si vous relisez ce livre, vous vous rendrez compte que la peur qui revient le plus souvent est celle de la séparation et de l'abandon. Un enfant qui ne sent pas aimé est beaucoup plus vulnérable. Au cœur de son psychisme, il y a des plaies qui se forment. Ensuite, il suffit une petite peur liée à la séparation qu'une plaie s'ouvre et la peur sera alors vécue d'une manière fort angoissante. Un enfant qui se sent aimé ne vivra pas de cette manière une peur liée à la séparation et, de plus, il sera plus facile à rassurer ou consoler lorsqu'il ressentira une peur.

La compréhension est aussi une dimension relationnelle très importante. Les enfants cherchent toujours à exprimer leurs craintes, mais leurs capacités d'expression sont limitées et ils ne se font pas toujours comprendre. Mais l'essentiel, c'est qu'ils arrivent à le faire, d'une manière ou d'une autre, et qu'ils trouvent une oreille attentive pour les écouter. La compréhension est le seul moyen pour traiter les peurs d'un enfant. Grâce à cette attitude, il pourra compter sur vous, ce qui est déjà très rassurant ! Par contre, les autres moyens comme « ridiculiser, être autoritaire ou indifférent » ne l'aideront certainement pas, ils risquent même d'accentuer ses peurs.

Voici une série de conseils plus détaillés pour aider votre enfant à surmonter ses peurs qui sont regroupés en trois catégories :

I.   Comment rassurer mon enfant qui a peur ?

II. Comment atténuer les peurs de mon enfant ?

III. Comment ne pas accentuer une peur de mon enfant ?

Comment rassurer mon enfant qui a peur ?

✓ *Tout d'abord, gardez votre calme. Il ne faut pas avoir peur de sa peur, vous risquez d'ajouter une peur à votre enfant.*

✓ *Acceptez les peurs de votre enfant comme des manifestations normales. Lui communiquer qu'avoir peur est normal, c'est déjà rassurant en soi.*

✓ *Peu importe la cause de la peur de votre enfant, il a avant tout besoin d'être réconforté, rassuré tendrement et écouté. En utilisant des mots simples, expliquez-lui qu'il est en sécurité. Votre enfant a besoin de savoir qu'il est aimé et ce sentiment d'amour lui fournit le sentiment de sécurité dont il a besoin. Votre* présence affectueuse sera rassurante parce qu'elle amène un contenant qui apaise sa peur.

✓ Aidez votre enfant à mettre des mots sur la peur qu'il ressent. Françoise Dolto appelait cela : « Mettre ses sous-titres à l'enfant ».

✓ Ne niez pas l'existence d'un personnage fantastique — « Les fantômes n'existent pas » - pour vouloir le rassurer à tout prix. Demandez-lui d'abord ce qu'il imagine quand il a la sensation de voir un fantôme. Écoutez-le et laissez-le parler, car il ne faut jamais oublier qu'une peur peut en cacher une autre. Posez quelques questions pour élucider ce que pense l'enfant et proposez une explication rassurante ainsi qu'une promesse de protection (« Je ne laisserai personne te faire du mal.. »). De cette manière, vous lui montrez que vous prenez en compte ce qu'il ressent et il saura que vous ferez en sorte qu'il ne lui arrive rien.

✓ Ne vous moquez surtout jamais des craintes de votre enfant. Vous devriez plutôt lui dire que *les adultes aussi ont parfois peur. Le meilleur moyen de dissiper ses peurs est de les prendre au sérieux.*

✓ *Essayer de trouver un équilibre entre deux positions : ne pas banaliser la peur et ne pas lui donner trop d'importance.*

✓ *Laissez-le régresser s'il en a besoin pour se rassurer. Cela ne dure jamais longtemps parce que les enfants veulent avant tout devenir grands.*

Comment atténuer les peurs de mon enfant

✓ *Encouragez-le à exprimer ses sentiments sans craindre d'être ridiculisé ni puni.*

✓ *Favorisez l'expression de la peur sous plusieurs formes. Proposez-lui différents moyens pour exprimer ses peurs : le jeu, le dessin, la peinture, les marionnettes, etc. C'est votre enfant qui décidera quel moyen lui convient le mieux. Pour Dolto, le dessin permet aux enfants d'exprimer, dominer et exorciser leurs angoisses. Elle conseillait d'habituer les enfants à délimiter les contours des objets pour qu'ils se rendent compte qu'ils sont inanimés et qu'ils sont manipulables sans risque. Cela leur permet de faire la différence entre le réel et l'imaginaire.*

✓ Racontez-lui des histoires, des contes. À plusieurs reprises, nous avons mis en évidence les effets bénéfiques des contes sur les peurs des enfants.

✓ Essayez de trouver des solutions pratiques. Par exemple, si votre enfant a peur du noir, installez une veilleuse dans sa chambre à coucher et dans le couloir.

✓ À partir de six ans, vous pouvez lui apprendre à évaluer le risque réel de certains dangers. Montrez-lui, par exemple, des livres qui expliquent les phénomènes naturels qui lui suscitent des peurs : les tornades, les tremblements de terre, etc.

✓ Ne niez pas sa peur en lui disant, par exemple : « Ce n'est rien ! » Ne la minimisez pas non plus en lui disant, si par exemple il a peur d'une araignée, : « Une grosse bête qui a peur d'une toute petite ». Cherchez plutôt à comprendre ce que représente cette petite bête pour l'enfant et ce qui pourrait le rassurer.

✓ *Ne l'humiliez pas en lui disant, par exemple :*
« Comment peux-tu être aussi idiot d'avoir peur
d'une araignée ! »,« Tu n'es donc bon à rien, tu
as toujours peur ! ».

N'hésitez pas à lui donner des explications simples. Votre enfant a peut-être besoin de réponses face à ce qu'il ignore de l'objet de sa peur. Il y a des peurs qui disparaissent après quelques explications.

✓ *Encouragez votre enfant, en le soutenant, à*
visiter les lieux qui l'inquiètent, à tendre la
main vers l'animal ou l'objet qui le perturbent.
Autrement dit, aidez-le à familiariser avec ce
qu'il lui fait peur. C'est en jouant avec l'eau
qu'on conjure la peur de l'eau, c'est en allant
voir dans le placard ou sous le lit qu'on
familiarise avec la peur des monstres, etc.
Certains enfants ont peur de tirer la chasse
d'eau de la toilette ou de vider la baignoire.
Encouragez votre enfant à retirer le bouchon
ou à tirer la chasse d'eau de la toilette avec
vous, en lui expliquant qu'il est impossible
qu'il soit emporté par l'eau. Vos félicitations

*qui couronnent ses succès l'aideront encore
mieux à surmonter ses peurs.*

Comment ne pas accentuer une peur de mon enfant ?

✓ *Surveillez les émissions de télévision que votre
enfant regarde, car beaucoup de ce qu'il y voit
est susceptible d'accentuer les peurs.*

✓ *Ne comparez pas votre enfant aux autres en lui
disant, par exemple : « Ton frère, lui au moins,
il n'a pas peur ». Vous risquez d'ajouter à sa
peur un sentiment d'infériorité !*

✓ *Surveiller vos propres comportements de peur ainsi que vos propos. Souvenez-vous que vous êtes un modèle important pour votre enfant et vous risquez de transmettre vos propres peurs d'adulte.*

✓ *Ne le culpabilisez pas si à cause de sa peur vous n'avez pas pu faire une activité.*

✓ *Ne poussez pas votre enfant à apprendre une activité qui lui fait peur. Par exemple, certains enfants ont peur de l'eau, et la simple évocation de l'eau peut déclencher une réaction violente de fuite ou de blocage. Inutile, dans ce cas, d'essayer de lui apprendre à nager. Attendez que la peur se dissipe, avant de lui proposer d'apprendre à nager.*

✓ *Ne soyez pas trop protectrice en lui disant continuellement « Attention, tu vas tomber », « Tu es trop petit pour y arriver », « N'y va pas, parce que tu auras peur ». Il doit aussi prendre de temps en temps des risques. Les éthologues ont montré que les parents hyperprotecteurs ont tendance à déterminer chez leur enfant un comportement craintif et timoré.*

✓ Ne le forcez pas à affronter une peur en lui disant « Viens avec moi et tu verras qu'il ne t'arrivera rien ! ». Si votre enfant se refuse, n'insistez pas, cela risque d'augmenter sa peur. Acceptez qu'il ne soit pas prêt à surmonter tel ou tel obstacle et laissez-lui le temps d'apprivoiser ses craintes.

✓ Vous devez lui enseigner les craintes raisonnables et saines du danger, mais sans lui inspirer pour autant des frayeurs excessives. Laissez lui découvrir par lui-même les conséquences néfastes de ses actes dans des situations qui ne soient pas dangereuses.

✓ Ne l'inquiétez pas en lui parlant des violences sur les enfants qui font les titres de la presse. Il suffit que vous lui disiez qu'il y a des adultes qui ne méritent pas notre confiance. L'information des problèmes complexes et douloureux doit se faire progressivement. Il faut attendre que certains événements se produisent, que les capacités intellectuelles de votre enfant lui permettent de comprendre vos explications, etc.

✓ S'il y a des problèmes et des tensions qui perturbent votre famille, expliquez-lui le plus simplement possible ce qui se passe. Les querelles en famille sont à l'origine de nombreuses peurs enfantines et les enfants se rendent vite responsables des disputes s'ils n'obtiennent aucune explication.

✓ S'il y a un événement particulier qui s'est produit, parlez-en avec votre enfant. Par exemple, un accident de voiture survenu à des amis ou un cambriolage chez des voisins. Ce type d'événement éveille souvent l'attention d'un enfant parce qu'il craint que cela puisse lui arriver. Rassurez-le en lui disant que vous faites attention pour prévenir ce genre d'événement, que cela arrive rarement, etc.

✓ Pendant la période oedipienne, suivez de près les conseils que nous avons donnés.

Choix bibliographique

Choix bibliographique

Beaumatin A., Laterrasse C., *L'enfant et ses peurs*, Les essentiels Milan, 1998.

Challamel J-M, Thirion M.. *Le sommeil, le rêve et l'enfant,* Édition Ramsay, 1988.

Dodson F., *Tout se joue avant six ans, Marabout*, 1972.

Gagnier N., *Maman j'ai peur, chéri je m'inquiète*, La Presse, 2006.

Guérette C., *Peur de qui ? Peur de quoi ? Le conte et la peur chez l'enfant*, Les éditions Hurtubise HMH.

Ludington-Hoe S., *Eveillez l'intelligence de votre bébé*, Marabout, 1987.

Marcelli D., *Enfance et psychopathologie,* Masson, 1999.

Mazet P., Braconnier A., *Le sommeil de l'enfant et ses troubles*, Presse universitaire de France, 1986.

Nemet-Pier L., Devillers F., *Peur du noir, monstres et cauchemars : Comment rassurer votre enfant ?*, Albin Michel, 2009.

Osterrieth A. P., *Introduction à la psychologie de l'enfant*, Georges Thone, 1976.

Pelsser R., *Manuel de psychopathologie de l'enfant et de l'adolescent*, Gaëtan Morin Éditeur, 1989.

Peter Adriaenssens P., *Mon enfant a peur... et moi aussi ! l'éducation à la résistance intérieure*, De Boeck, 2000.

Purves L., *Comment ne pas élever des enfants parfaits*, Paris, Odil Jacob, 2009, pp. 156-157.

Raimbault G., *L'enfant et la mort. Problèmes de la clinique du deuil*, Dunod, 2011.

Rufo M., Schilte C., *Elever Bébé*, Hachette, 2007.

Zlotowick M., *Les cauchemars de l'enfant,*
Presse universitaires de France, 1974.

Achevé d'imprimer, à la demande, à partir de mars 2017, sur les presses de CreatSpace.

—